Diogenes Taschenbuch 24599

von S.+N. Thalhein

Mein Lieblingsmensch

*Geschichten über
besondere Verbindungen*

Ausgewählt von
Shelagh Armit und Lena Thomma

Diogenes

Covermotiv: Gemälde von Lisa Golightly,
›Wave From Boat‹, 2018
Copyright © Lisa Golightly

Alle deutschen Rechte vorbehalten
Copyright © 2022
Diogenes Verlag AG Zürich
www.diogenes.ch
100/22/36/1
ISBN 978 3 257 24599 8

ich stürze mich in deinen brombeerblick,
will wurzeln schlagen hinter deinen ohren,
wo du nach katze riechst und sommerfell,
ich will moosraufen und mohnwälzen mit dir
und ohne adresse hausen am hang.
ich will all deine schatten streicheln,
in deinen dunklen ecken singen,
ich will dir sämtliche monde kaufen,
eine veranda und einen schaukelstuhl,
ich will dich einatmen und aussprechen,
mich rau reden an dir.
Simone Lappert, lieblingsmensch

Inhalt

Simone Lappert	*Wurfschatten*	9
Donna Tartt	*Der Distelfink*	33
Ali Smith	*Jenny Robertson deine Freundin kommt nicht*	43
Laura de Weck	*Forever*	48
Eduard von Keyserling	*Das Kindermädchen*	52
Teresa Präauer	*Fünf Mädchen*	59
Daniela Krien	*Plan B*	62
Stephen Chbosky	*Das also ist mein Leben*	83
Zadie Smith	*Swing Time*	98
Benedict Wells	*Das Grundschulheim*	106
Kazuo Ishiguro	*Klara und die Sonne*	113
Anton Čechov	*Einer von vielen*	132
Guy de Maupassant	*Zwei Freunde*	142
Tove Jansson	*Berenice*	153
William Trevor	*Der Schüler der Klavierlehrerin*	163
John Irving	*Owen Meany*	172
J. Paul Henderson	*Letzter Bus nach Coffeeville*	181
Fabio Volo	*Er hat mich nie verlassen*	189

T.C. Boyle *Sin Dolor* 201
Lucia Berlin *Freunde* 231
Seraina Kobler *Kugelmenschen – die einen
 in der Welt verorten* 239

Nachweis 245

SIMONE LAPPERT

Wurfschatten

Temperaturen einer Vermutung

Wochenlang probte Ada mit Juri eine weitläufige Ausweichchoreografie, Rücken an Rücken. Juris Anwesenheit war ein unberechenbarer Virus, der jeden vertrauten Gegenstand, jedes Zimmer und jede in der Wohnung verbrachte Stunde zu infizieren drohte, der Ada schwitzige Hände bereitete und schlaflose Nächte, ein Virus, von dem sie nicht wusste, wann und mit welchen Folgen er sich auf sie übertragen würde. Alles in der Wohnung schien vor diesem Virus zurückzuweichen, sogar der Kühlschrank summte leiser als zuvor. Alles wartete ängstlich auf das Ende der Inkubationszeit.

Wenn Ada Geräusche hörte im Treppenhaus, verschwand sie sofort in ihrem Zimmer oder im Bad. Durch verschlossene Türen hindurch hörte sie Juri Flaschen öffnen und Fenster, sie hörte ihn Zähne putzen und seine Stiefel reißverschließen, bevor er zu irgendeiner geregelten Arbeit ging, sie kannte den Geruch seines Duschdampfs und seines Kopfkissens, kannte das Inventar seines Zimmers, in dem nichts wirklich Abartiges zu finden war, weder in der Schreibtischschublade noch unter der Matratze. Die Wäsche in seinem Schrank roch gewaschen, jede Woche lag einer seiner drei Pyjamas unter dem Kopfkissen und Sonntagabend im Wäschekorb neben der Wanne im Bad. Ein bisschen seltsam war, dass Juri immer wieder Instrumente anschleppte, zuletzt ein Fagott, dass er die Möbel in seinem Zimmer fast täglich umstellte, Bilder auf und ab oder verkehrt herum an die Wand hängte, dass er fast jeden Tag seine Schallplatten und Bücher neu ordnete, manchmal sogar die Wäsche in seinem Schrank, einmal hatte er alle Socken fein säuberlich aufgebügelt. Entweder, dachte Ada, hatte er ihre Streifzüge durch sein Zimmer bemerkt und wollte sie verunsichern, oder es gab sonst einen bizarren Grund, warum er sein Hab und Gut mit solcher Inbrunst kuratierte.

Mit allen Mitteln hatte Ada versucht, das kontaminierte Gebiet zu desinfizieren und Juri loszuwerden. Sie hatte sämtliche ausgekämmten Haare gesammelt, sie nass gemacht und dann um den Abfluss in der Badewanne und im Waschbecken drapiert, Tag für Tag, sie hatte Esswaren in der Bratpfanne verkohlen lassen, um die Flur- und Küchenluft zu verpesten, Tisch und Boden hatte sie mit hartem Brot verkrümelt. Sie hatte Käfer und Ameisen gesammelt und sie in Juris Zimmer ausgesetzt, hatte *aus Versehen* Kaffee über seine Post gekippt oder den Schlüssel von innen stecken lassen, den Abwasch und ihre Mahlzeitreste hatte sie so lange stehenlassen, bis Juri alles auf ihrem Bett deponierte. Und als er zum x-ten Mal Besuch hatte von wieder einer anderen Frau, die wieder durch die Wohnung latschen und alles anfassen und anschauen und überall ihre Spuren hinterlassen würde, lief sie nackt in sein Zimmer und sagte: »Schatz, weißt du vielleicht, wo das Paniermehl ist?« Die Frau war keine drei Minuten später gegangen. Aber Juri nicht. Juri war resistent gegen Adas Desinfektionsmittel. Er war dageblieben und hatte die Käfer und Ameisen in Adas Pyjamafach ausgesetzt, bei nächtlichen Besuchen einen Stuhl unter die Klinke gestellt, seine abgeschnittenen Fingernägel absichtlich auf dem Küchentisch und seine abrasierten Bartstoppeln im Waschbecken liegenlassen, zumindest bis zum nächsten Frauenbesuch.

Adas Körper verkrampfte sich zunehmend von Tag zu Tag, ihre Fäuste verkrampften sich, ihr Nacken, ihr Lachen. Und die Stunden, die sie mangels eines Therapiezimmers in den Wartezimmern irgendwelcher Allgemeinärzte verbrachte, wo es nach Desinfektionsmittel und Zeitschriften roch und wo es jedem, der da saß, gesundheitlich schlechter ging als ihr; sogar diese Stunden trugen wider Erwarten nicht zu ihrer Entkrampfung bei. Das Einzige, was lindernd näher rückte und dann endlich als Rettungsversprechen rot umkreist im Kalender stand, war das Vorsprechen in München.

»Heute ist ein wichtiger Tag«, flüsterte Ada ihren Fischen zu, »drückt mir die Flossen, dann ziehen wir um nach München.«

Verschlafen prüfte sie noch einmal den Inhalt ihrer Reisetasche, die Perücke, die beiden Kostüme, die Texte, zwei Pyjamas, die Waschtasche, alles da. Ada zog den Reißverschluss zu, öffnete leise ihre Zimmertür und lauschte in den Flur: Alles still. Keinesfalls wollte sie Juri jetzt noch einmal begegnen. Nur in die Küche wollte sie noch und in seinem Kühlschrankfach nachsehen, ob irgendetwas darin sich als Reiseproviant eignete.

Auf halbem Weg zur Küche kam ihr eine junge Frau in Juris Pyjamaoberteil entgegen, die lasziv verlegen ihren blonden Pilzschopf ordnete.

»Hast du Juri gesehen?«, fragte sie, »eben war er doch noch da.«

Ada schüttelte den Kopf, »keine Ahnung, wo der steckt«, sagte sie, »tut mir leid.«

Was nicht gelogen war. Was sie ihr nicht sagte, war, dass es auch Frauen gab, denen Juri Frühstück machte, jedenfalls zwei-, dreimal, danach hatte die Sache sich meistens erledigt. Diejenigen, die ihn am Morgen vergeblich in der Wohnung suchten, brachte er kein zweites Mal mit nach Hause. Mit denen durfte *sie* sich dann herumschlagen, ihnen Mitleidskaffee machen und falsche Hoffnungen, hier, ein sauberes Handtuch, jaja, er kommt bestimmt bald, nur zu, fühl dich wie zu Hause.

Ada drückte sich mit dem geklauten Proviant an der jungen Frau vorbei ins Treppenhaus. Sie war zu spät dran und zu nervös zum Lügen. »Mittags kommt er meistens nach Hause«, sagte sie und schloss hastig die Tür hinter sich.

Erst als der Zug aus dem Mannheimer Bahnhof rollte und Ada den Umstieg ohne Verspätung hinter sich hatte, legte sich ihre Nervosität ein wenig, sie ließ ihre Reisetasche los und zog die Jacke aus; jetzt konnte sie sitzen bleiben bis München.

Die Fensterscheiben füllten sich nahtlos mit Landschaft, mit Bäumen und Wiesen, die sich allmählich vom Schnee des abklingenden Winters erholten und nun fast schon protzig auf den Frühling hin grünten.

Das Blatt, das Ada vor sich auf die Knie legte, war vom langen Festhalten feucht und an den Faltstellen brüchig geworden. Noch einmal überflog sie die Einladung, die sie längst auswendig konnte, das schlichte Emblem oben links auf der feuchten Briefstirn, dann faltete sie das Blatt in immer kleinere, schiefe Rechtecke. *München.* Das Wort kitzelte sie nun von innen, schoss heiß durch ihren Bauch. Sie wandte den Blick wieder zum Fenster. Seit je mochte sie es, Dinge durch Scheiben zu betrachten. Scheiben schafften Distanz. Sie wählten Szenen aus und grenzten sie ein, vor einer Scheibe, stehend oder sitzend, fiel die Verantwortung für eine Weile von ihr ab. Die Silhouetten der vorbeizuckenden Bäume legten ein Gitter über die täglichen Ausweichchoreografien zwischen ihr und Juri, über *Mord an Bord* und das ständige Warten darauf, dass ihr Leben endlich begann. In ein paar Stunden würde das Warten vielleicht vorbei sein. Und vielleicht würde sich ja auch die Angst auflösen, in eine Zukunft mit Namen im Programmheft, mit ihrem Gesicht auf Plakaten und einer regelmäßigen Lohnabrechnung, vielleicht würde diesmal alles anders werden.

Sie spürte das Vibrieren der Schienen im Kreuz und wurde ruhig. Sie reiste. Reisen war meerwärts gerichtet, auch in der bedeutungslosesten Provinz. Weg war immer meerwärts, unterwegs war meerwärts, in der Fortbewegung lag die Möglichkeit eines Meeres. Meerwärts gab es nur mäßigen Wind und nackte Arme. Meerwärts lag die Möglichkeit, Zustände zu benennen und mit einem zufriedenen Seufzer die Jacke auszuziehen. Meerwärts lag die Gewissheit, jemand zu werden, lag die Welt, auf die es zu kommen galt.

Während des Studiums, vor allem in den Prüfungsphasen, war sie oft in Grenzzüge gestiegen, wenn die Unmöglichkeit, an einem Ort, in einer Situation zu verharren, sich über ihre Schultern geworfen hatte wie ein viel zu dicker Mantel. Irgendwann hatte sie begonnen, die Städte auszulassen und ihren Aufenthalt auf die Bahnhöfe zu beschränken, auch wenn die Städte sie noch immer anzogen, mit ihrem Versprechen, sie zu schlucken und zu verdauen in ihren verwinkelten Mägen. Im Grunde hatte Ada im Ausland nach einer Weile immer nur noch gewartet. Sie hatte die Nächte durchgemacht in Hotelzimmern mit hässlicher Tapete, bis ihre Angst mit der Nacht von den Dächern gefallen war. Aber über die Grenze, das beruhigte sie, das hatte sich bewährt; war auch jetzt noch wie Fenster auf, Kleider aus, Zähneputzen.

Ada schloss die Augen und lehnte die Schläfe gegen das kühle Glas. Genau so mussten sich Fische im Aquarium fühlen: Schattenspiele auf der Netzhaut, leichte Vibrationen, die sich im Körper ausbreiteten, und in den Ecken der Wahrnehmung ein Rauschen. Alles hätte sich auflösen können in diesem Rauschen. Wenn da nicht plötzlich dieses Stechen gewesen wäre, aufdringlich und pulsierend, ein Stück unterhalb ihrer Kniekehle. Wenn nicht Verzweiflung sie gepackt hätte, weil sie wusste, dass sie dieses Stechen nicht würde ignorieren können, weil sie wusste, was jetzt kam und nichts dagegen tun konnte, sie war machtlos gegen die aufkommende Vorstellung, dass dieses Stechen ihr Leben bedrohte, gegen ihre Einbildungskraft, die sich offenbar auf ihre Vernichtung spezialisiert hatte. Sie versuchte trotzdem, sich abzulenken, kramte eines der Wachteleier, die sie in Juris Kühlschrankfach gefunden hatte, aus ihrer Tasche und begann, es zu schälen.

Wenn sie gewusst hätte, woher diese Ängste kamen. Schon als kleines Mädchen hatten sie ihr aufgelauert, wenn auch noch formloser und zuerst nur nachts. Sie sah sich am Bett ihrer Eltern stehen, beide lagen mit dem Rücken zu ihr, das ferne Rauschen der Autobahn durchs Fenster. Sie hatten sie nicht kommen hören. »Mama«, sagte Ada, keiner bewegte sich. »Mama«, sagte sie noch einmal, lauter diesmal. Sie hörten sie nicht. »Papa«, sagte sie, und ihr Vater drehte sich um.

»Mienchen, was ist denn«, sagte er, »es ist mitten in der Nacht.«

»Ich kann nicht schlafen«, sagte Ada.

»Warum?«

»Ich habe Angst.«

»Wovor?«

»Ich weiß es nicht, einfach Angst.«

»Leg dich wieder hin«, sagte ihr Vater, »denk an etwas Schönes.«

Ihre Mutter bewegte sich, murmelte etwas, das klang, wie: »Einfach hinlegen …«

Ada ging die Holztreppe wieder runter, machte das Licht an im Flur und ließ ihre Zimmertür offen. Schlafen konnte sie nicht.

Irgendwann hörte sie auf, ihre Eltern, Großeltern, Freunde zu wecken. Sie drückte gar nicht erst Klinken runter, blieb einfach liegen und wartete. Darauf, dass es vorbeiging.

Das Glas war kühl an ihrer Stirn, Ada zog den Kopf zurück, ihr Blick irrte durch die kleine Zugtoilette, ihre Hände krallten sich am nassen Waschbecken fest, sie versuchte, ihren Blick im Spiegel zu fixieren, ihr Atem schlug gegen das Spiegelglas und hinterließ dort einen nebligen Film; sie hörte ihn laut in ihrem Kopf, diesen Atem, weil die Taucherglocke ihn gefangen hielt, und sie griff an ihre Kniekehle, dorthin, wo das Stechen herkam, doch da war nichts außer dem Stechen, keine Wölbung, keine Verhärtung; nur die Hose, die nicht zu eng saß, die nicht schuld sein konnte an diesem Stechen, deshalb musste der Schmerz von innen kommen, aus dem Hautgewebe oder einer Ader. Du hast zu lange gesessen, Ada, da hat sich ein Gerinnsel gebildet in deinem Bein, eine Thrombose, und wenn du dich jetzt bewegst, dann wird der Klumpen in deinen Körper gepumpt, hoch in dein Herz oder in dein Gehirn, du musst nachsehen, Ada, sofort nachsehen, ob alles normal aussieht, damit du reagieren kannst, keinen Schlaganfall bekommst, hier in der Toilette, wo niemand dich findet. Ada schwankte, legte einen Arm über die Augen, roch jetzt Waschpulver und Rauch in ihrem Ärmel, daher kommt das, Ada, die verstopften Arterien, von der elenden Qualmerei; ihr Blick suchte den kleinen Raum ab, zeigte Schmutz an den Wänden, Schuhschmutzmuster auf dem nassen Boden, du musst die Hose ausziehen, dir dein Bein ansehen, so schnell wie möglich, mach schon, machmachmach. Ada ließ sich in die Knie sinken, vorsichtig, ohne mit dem Mantelsaum den Boden zu streifen, ungeschickt entknotete sie ihre Schnürsenkel, sie musste diese Schuhe loswerden, zuerst die Schuhe, dann die Hose. Sie starrte auf ihre Füße, die sie aus den Schuhen zog, die nackt waren, ganz ohne Socken, weil sie es so eilig gehabt hatte, aus dem Haus zu kommen, auf gar keinen Fall durfte sie sich jetzt barfuß da hinstellen, in den nassen Schmutz; sie musste mit den Füßen in den Schuhen bleiben, und sie griff nach dem Toilettenpapier, zupfte Blatt für Blatt aus dem Behälter, dünnes Papier, fein bepustelt wie Gänsehaut, und sie legte die Blätter aus auf dem Boden, eins nach dem anderen, schön dick, bis der Schmutz sich nicht mehr durchsaugte, so ist es gut, und jetzt hör auf zu zittern, die weisen dich ein, Ada, schau dich nur an, wenn das einer mitbekommen würde, wie du hier kniest und Blätter zupfst, die sedieren dich, die sperren dich ein, vor die immer gleiche Aussicht, und jetzt zieh die Schuhe aus, stell dich aufs Papier und zieh dein Bein aus der Hose, alles wird gut. Aber der Zug scherte aus seiner gleichmäßigen Bewegung und warf sie gegen die schmutzige Tür, ihr rechter Fuß trat mitten in den nassen Schmutz, sofort zog sie den Fuß zurück aufs Papier, einfach ausatmen jetzt, du musst ausatmen, Ada, sonst kippst du weg; sie starrte auf ihr Bein, das noch immer in der Hose steckte, in dem noch immer dieser stechende Schmerz pochte, und sie legte noch einmal den Arm über die Augen, suchte in der Erinnerung nach einem Bild ihrer Mutter, auf dem sie beruhigend aussah, sah sie im Nachthemd am Küchentisch sitzen und bedächtig eine Grapefruit löffeln, deine Mutter beruhigt dich nicht, hat dich noch nie beruhigt, sie schweigt, Ada, du hast das Gefühl für ihre Sprache verloren. Ada hob den schmutzigen Fuß ins Waschbecken, zuckte zusammen unter dem kalten Wasser, stieß sich den Ellbogen an der Toilettenwand. Vergiss nicht die Hose,

Ada, sie muss weg, du weißt, was eine Thrombose anrichten kann, da geht es um Minuten. Sie drückte am Seifenspender herum, ließ Wasser über ihren Fuß laufen, immer wieder, Seife war keine da, sie trocknete den Fuß mit Klopapier und blieb einbeinig stehen, sie bekam den Bund ihrer Hose am Steißbein zu fassen, zog daran, rollte den Stoff bis zu den Knöcheln, zog die Hose am linken Bein aus, untersuchte Stück für Stück ihren Unterschenkel und die schmerzende Stelle, aber da war nichts, rein gar nichts, durch das Reiben mit der Hand wurde das Stechen sogar weniger und löste sich auf nach und nach, wie der kondensierte Atem auf dem Spiegelglas sich aufgelöst hatte.

Wenn dich jetzt einer sehen könnte. Du bist krank, Ada, ernsthaft krank.

Zittrig zog sie sich an, ihr Herz schlug hart und unregelmäßig in ihren Hals, gleich würde es sich zusammenkrampfen und ganz stehenbleiben, daran würde es nämlich kaputtgehen, an dieser unnötigen, panischen Abnutzung. Ada atmete leise und flach, sie stieß die Toilettentür auf, unter ihr schwankte der Zugboden, die Landschaft flog vorbei, ein grünes Band, das sie in den Augen schmerzte, und ihre Arme kribbelten, waren ganz leicht und kraftlos, auch ihr Kopf hatte kein Gewicht, schien auf den Halswirbeln nicht festzusitzen.

Als sie zwischen all den Passagieren im Gang stand, neben dem Sitz, auf dem noch ihre Tasche lag und darauf das halbgeschälte Wachtelei, war ihr, als hätte eine Kamera ihren Aussetzer in der Toilette direkt ins Abteil übertragen. Weit weg hörte sie die Lautsprecherdurchsage, die den nächsten Halt ankündigte.

Als ihr Blick einige der scheinbar überlegenen Passagiergesichter streifte, gesellte sich zu der Angst in ihrem Bauch auf einmal eine drückende, verklumpte Wut. Wut auf die Bilder, die durch ihren Kopf jagten, sie vor sich herjagten, durch Züge, Straßen, Zimmer, Stunden, Wut auf die anderen Passagiere, deren Gewicht dumpf auf die Polster drückte, die dröge die Beine ausstreckten und ihre rechtschaffene Feierabendlichkeit öffentlich kundtaten, Wut auf ihre ordentlich besockten Füße, ihr Vertrauen in Fahrpläne, Gratisblätter und prophylaktische Untersuchungen, auf die Sicherheit, in der sie sich wiegten, eine Sicherheit, die Ada ausschloss; Wut auf sich selbst, auf die Bilder hinter ihrer Stirn, die sie immer wieder wegdrängten von einer möglichen Zukunft ohne Taucherglocke, ohne diese ständige Demütigung vor sich selbst. Ada setzte sich zurück an ihren Platz und begann, in der kostenlosen Reisezeitschrift zu blättern, die auf dem Nebensitz lag. Allmählich beruhigte sie sich, ihre Atemzüge wurden tiefer. Sie würde in München einen Gegenbeweis ihrer Feigheit erbringen und endlich wieder etwas Eigenes haben, auf das sie stolz war.

Noch einmal ertönte die Lautsprecherdurchsage: Nächster Halt Rosenheim.

Ada erschrak. Hastig griff sie nach dem Reiseplan in der Tasche des Vordersitzes. Zweimal fuhr sie die Strecke mit dem Finger nach. Es bestand kein Zweifel. Sie hatte München verpasst.

Als der Zug zum Stehen kam, trottete Ada den anderen Passagieren hinterher zum Ausgang. Auf dem Bahnsteig blieb sie stehen, das halbgeschälte Wachtelei in der einen, die Tasche in der anderen Hand. Sie sah zu, wie die Türen sich klickend verriegelten, und lauschte dem Zittern des Zuges nach, das sich im Nachmittag verlor, landeinwärts.

Die Folgen verhängnisvoller Andacht

Es war das Xylophon des Nachbarjungen, das Ada am nächsten Morgen weckte, immer wieder dieselbe Melodie, der Fehler immer an derselben Stelle. Ada schluckte, ihre Mundhöhle war knittrig und trocken, schlaftrunken tastete sie mit der Hand nach ihrer Kniekehle, wo der Stoff ihrer Jeans feucht war und sie daran erinnerte, wie sie im Morgengrauen angezogen und mit leichtem Schwindel in der leeren Wanne gesessen hatte. Sie erinnerte sich an Juri, der am Waschbecken gestanden hatte, und an das Ratschen der Rasierklinge über seine Bartstoppeln. Er musste sie ins Bett gebracht haben, auch das noch, sie kannte ihn ja kaum, wusste nicht einmal, was er eigentlich trieb den ganzen Tag. Und gerade, als sie versuchte, sich Juri hinter einer Fischtheke vorzustellen, war die Schonfrist der ersten wachen Sekunden vorüber, und alles fiel ihr wieder ein: wie das Wort *München*, das sich so warm und leicht angefühlt hatte in ihrem Bauch, kalt und sperrig wurde, als hätte sie eine Heckenschere verschluckt. Das sinnlose Herumdrücken am Snackautomaten, unten in der Bahnhofsunterführung, Kondome und zwei Schokoriegel, das Funktionieren dieser Maschine, das sie für ein paar Sekunden beruhigt hatte. Wie sie sich fremd vorkam am Abend in der Stadt. Später die Enge der Nacht unten am Hafen, drückend, wie zu kleine Schuhe. Wie sie sich eine dicke Scheibe gewünscht hatte zwischen sich und diesen Tag, die es ihr erlaubt hätte, die Ereignisse mit Abstand zu betrachten. Sie hatte das Gefühl, in sich hineinzufallen, und sie wünschte sich zu den Fischen ins Rheinwasser, die einander auswichen und wussten, was sie zu tun hatten.

Und dann die Wohnung, von der sie sich längst verabschiedet hatte, die alten Hoffnungen, in die sie zurückgeschlüpft war wie in schmutzige Kleidung, beschämt, mit gerümpfter Nase und schlechtem Gewissen. Und Juri, den sie komplett vergessen hatte, der sich fertigmachte, um zur Arbeit zu gehen, »zur Arbeit«, so hatte er es gesagt, und es hatte wie ein Vorwurf geklungen.

Schwerfällig stand Ada auf und ging zum Fenster. Alles war wie zuvor, die Wohnung zahnte wieder, und die Stadt schien weitab von der Gegenwart. Mit dem Daumennagel kratzte Ada einen Schmutzfleck von der Scheibe. Allein sein als Übung, dachte sie, als Warten auf. Die Wohnung voller Wartezimmer. Und die Welt, auf die es zu kommen gilt: immer gerade anderswo.

Sie stützte sich mit den Händen auf der kalten Fensterbank ab, um besser auf die Straße sehen zu können; vielleicht hatte ja das Quartiertheater ein wenig Ablenkung zu bieten. Sie fand es ein außerordentliches Vergnügen, wenn etwa der O-beinige Italiener von gegenüber versuchte, seinen Abfall mit Hilfe einer Schnur und eines Kleiderbügels auf die Straße abzuseilen, um sich so die Treppe zu ersparen, sich der Kleiderbügel dann aber in der Öffnung des Abfallsacks verhakte und die Schnur sich nicht mehr einholen ließ, wenn der Italiener sich dann weit über die

Balkonbrüstung beugte und den Sack, im Versuch, die Verhakung zu lösen, an der Schnur hin und her schwenkte, wenn ein Ende des Kleiderbügels allmählich ein Loch in den Müllsack bohrte und vereinzelte Abfälle auf die Straße kullerten, der Italiener die Schnur am Balkongeländer anbinden und nun doch die drei Stockwerke hinunterlaufen musste, und wenn dabei die alte rothaarige Dame über dem Friseursalon an der Ecke mal wieder die Fenster putzte, um den Kopf schütteln zu können über das, was in der Nachbarschaft vor sich geht und also auch über den Italiener mit dem Hausabfall, dann überkam Ada ein wohliges Applaudiergefühl.

Nur tat sich gerade nichts auf der Straße, die Schauspieler machten wohl Mittagspause, jedenfalls roch es ringsum nach Gebratenem und Gedünstetem, nach gedeckten Tischen. Das Quartiertheater hatte die Vorhänge zugezogen. Eine Weile stand sie so in der Quartierhalbstille, die Stirn gegen die Scheibe gelehnt. Dann zog sie den Kopf abrupt zurück. Sie kannte dieses Fensterlehnen.

Manchmal war ihre Mutter stundenlang oben im Zimmer verschwunden, mitten am Nachmittag. Zurück blieb ein Berg Bügelwäsche auf dem Sofa oder Kaffeewasser, das auf dem Herd weiterkochte. Ada drehte das Gas ab oder begann zu bügeln, die Taschentücher zuerst, danach die Handtücher, manchmal auch T-Shirts. Sie kniete sich auf einen Stuhl, um das schwere Bügeleisen besser halten zu können. Sie liebte das Zischen der Dampfwolke, die ausgestoßen wurde, wenn sie auf den kleinen blauen Knopf drückte, das leise Glucksen des Bügeleisens, den Geruch von frischer Wäsche, der sich durch die Hitze noch verstärkte; wie die Falten verschwanden und die Stoffe durchsichtiger wurden. Durch die Taschentücher hindurch konnte sie das Blumenmuster des Bügelbretts erkennen.

Ada brauchte nicht nach ihrer Mutter zu sehen, sie wusste, was sie tat. Sie stand auf Zehenspitzen vor dem Spiegel, die Füße in den rosa Schuhen durchgedrückt. Vogelfüße, dachte Ada und dann daran, dass Vögel hohle Knochen hatten. Konzentriert stand ihre Mutter vor dem Spiegel und posierte. »Relevé«, sagte sie dabei laut. Oder sie machte Kreuzschritte und sagte dazu im Takt: »Pas de bourré, Pas de bourré, Tendu!« Dann bückte sie sich, und alles an ihr wurde kürzer, sie zog die Schuhe aus, wickelte sie in graues Seidenpapier und verstaute sie in einer schwarzen Schachtel. In Strumpfhose und Unterhemd ging sie zum Fenster. Dort stand sie, die Stirn gegen die Scheibe gelehnt. Sie reagierte nicht auf den Lärm eines vorbeifahrenden Autos oder der Kirchglocken. Irgendwann begannen ihre Schultern zu zittern. Wie ein Vogel mit Fieber, dachte Ada. Ihre Mutter zog die Nase nicht hoch, wischte die Tränen nicht weg. Und Ada dachte, dass man so nur weinte, wenn man ganz sicher war, dass einen niemand beobachtete.

Irgendwann kam ihre Mutter dann in die Küche, lächelnd, die Lippen frisch geschminkt. »Das sagen wir aber Papa nicht«, sagte sie, »dass ich so lange oben war, ja, sonst wird er böse.« Und Ada hatte genickt, wie jedes Mal, obwohl ihr Vater noch überhaupt nie böse geworden war.

Ada schluckte. Sie wollte nicht weinen und versuchte, die Schmutzflecken auf der Fensterscheibe zu zählen. So weit kommt's noch, dachte sie, dass ich mich in meine Vogelmutter verwandle. Und sie erinnerte sich daran, wie sie viel später, an einem heißen Tag, auf den schmalen Rücken ihrer Mutter geschaut hatte, die mit der Fußspitze auf dem Parkett einen Kreis um sich gezogen hatte, als wollte sie eine Grenze markieren.

»Du kannst dir nicht vorstellen, wie beweglich ich mal war«, hatte sie gesagt, »ich konnte mich verbiegen wie ein Stück Basteldraht, bevor ich schwanger wurde und fett und ungelenkig.«

»Alles in Ordnung?«

Ada zuckte zusammen und drehte sich zur Tür, Juri stand im Rahmen, die Hände in den Taschen. Das hatte ihr gerade noch gefehlt, dass jetzt einer dieser Bordsteinschatten durch ihre Wohnung huschte, dass da einer dieser selbstgefälligen Arbeitnehmer in ihrer Zimmertür stand und ihr vorhielt, dass sie nichts tat und ihr Leben eine einzige in die Länge gezogene Rauchpause war. Genau das hatte ihr noch gefehlt, dass dieser dürre Lulatsch sie weinen sah. Ada zog die Nase hoch. »Wie lange stehst du schon da?«

»Ich wollte nur fragen, ob du Hunger hast«, sagte Juri, »ich mache Mittagspause, geht es dir gut?« Ada wischte sich mit dem Ärmel die Tränen vom Gesicht.

»Ich dachte ja, du seist in München«, sagte Juri, »du bist gestern in der Wanne eingeschlafen, ich hab dich dann –«

»Das kannst du dir in Zukunft sparen«, fiel Ada ihm ins Wort, »mich durch die Gegend zu tragen, es reicht schon, dass du hier sonst alles angrapschst.«

»Ich hab dich nur geweckt, weil ich mich nicht nackt zu dir in die Wanne stellen und dich nass duschen wollte«, sagte Juri.

Ada spürte, wie die Tränen wieder gegen ihren Kehlkopf drückten. »Ich *war* in München«, sagte sie, »ich habe den Job bekommen und reise noch diese Woche ab, jetzt bin ich ein bisschen abschiedsduselig, das ist alles.«

»Dann hätten wir das ja geklärt«, sagte Juri und ging in die Küche.

Ada griff nach ihrem Mobiltelefon und drückte die grüne Taste, die Nummer erschien auf dem Display, drei blinkende Fortsetzungspunkte zeigten an, dass die Verbindung nach München aufgebaut wurde.

»Der Intendant ist beim Mittagessen«, sagte die Dame am anderen Ende der Leitung, »worum geht es denn?«

Ada schluckte. »Um einen Termin«, sagte sie.

»Aha«, sagte die Dame, »kann ich vielleicht etwas ausrichten?«

»Ja«, sagte Ada, »vielleicht, also wegen dem Vorsprechen gestern, könnten Sie bitte fragen, ob es möglich wäre – könnten Sie sagen, dass ich im Zug leider eine – dass ich gerne –«

»Verzeihung«, sagte die Dame, »was genau soll ich ausrichten? Sind Sie noch da?«

»Ja«, sagte Ada, »sicher, also wegen dem Vorsprechen gestern: Leider hat es mit meiner Zugverbindung ein Problem gegeben, und deshalb wollte ich fragen, ob es möglich wäre, den Termin allenfalls in den nächsten Tagen wahrzunehmen?«

»Das wird nicht nötig sein«, sagte die Dame, »der Intendant hat seine Wahl bereits getroffen.«

Ada nahm das Telefon vom Ohr und drückte auf den roten Knopf. Sie öffnete eine der Fischfutterdosen, ließ das Telefon hineingleiten und schraubte den Deckel zu. Buntbarsche, dachte sie, Mondsalmler, Messerfische, Süßwasserflundern, ein Besuch in der Zoohandlung war ganz eindeutig das Einzige, womit dieser Tag noch ansatzweise zu retten war.

Gegen sechs Uhr abends kam Ada etwas besser gelaunt und hungrig aus der Stadt zurück, ihr Ausflug war ein voller Erfolg gewesen, zumindest, wenn sie von den Kosten absah, die er verursacht hatte. Aber wenn sie an die beiden tellergroßen Diskusfische dachte, an die pechschwarzen Streifen auf ihrem türkisfarbenen Schuppenkleid, an die Eleganz, mit der sie sich durchs Wasser bewegten, entschied sie, dass sie die neunhundert Franken pro Fisch und die größer werdende Zahl hinter dem Minuszeichen auf ihrer Kontostandanzeige irgendwie verkraften würde.

Ihr Kühlschrankfach war allerdings leer, bis auf ein paar verschrumpelte Karotten und ein Glas, in dem drei uralte Kapern schwammen, ganz hinten stand ein halbleerer Becher mit Erdbeerjoghurt, in dem noch der Löffel steckte. Ada griff in Juris Fach und suchte nach der Gemüsequiche, die er vor zwei Tagen gebacken hatte, für eine pausbackige Schwedin, die zum Frühstück hatte bleiben dürfen. Die Quiche war in einer Tupperdose verstaut und zusätzlich mit Klarsichtfolie umwickelt. Ada lachte. Dieser Mann besaß tatsächlich Tupperdosen. Sie musste an ihren Spaziergang durch die Einkaufspassage denken. Ab und zu war sie vor der Auslage eines Schaufensters stehen geblieben, vor Eierbechern mit kleinen Füßen oder eben Tupperdosen in verschiedenen Farben, vor Dingen, die für Menschen gemacht waren, die einen Alltag hatten und einen bestimmten Platz im Schrank für Servietten, die mit kleinen Hirschen bedruckt waren oder mit bunten Pfefferschoten. Für Menschen, wie sie hinter den Scheiben der Cafés saßen, vor dampfenden Kaffeetassen oder einem frühen Mittagessen, weil sie einen Großteil ihrer Arbeit noch vor oder bereits hinter sich hatten, deren Gespräche in der warmen Caféluft kondensierten und sich an den Scheiben festsetzten, durch die Ada sie mit einer Mischung aus Neid und Verachtung beobachtete. Menschen wie Juri, dachte sie. Aber die Quiche schmeckte köstlich, das musste sie ihm lassen.

Als sie Schritte im Treppenhaus hörte und dann den Schlüssel in der Wohnungstür, stellte sie die Tupperdose schnell zurück in den Kühlschrank. Sie hörte das Klackern von Juris Stiefeln im Flur, das Rascheln seines Mantels, dann war es still. Offenbar war er in seinem Zimmer verschwunden. Als sie zuerst das Ratschen des Duschvorhangs und dann das Geräusch von fließendem Wasser hörte, schreckte sie auf. »Halt«, rief sie und rannte ins Badezimmer.

Juri stand neben dem Waschbecken und bückte sich scheinbar angeekelt über die Wanne, in der die beiden Diskusfische gemächlich ihre Bahnen zogen. Ada verschränkte die Arme vor der Brust.

»Was hast du vor?«

»Duschen«, sagte Juri. Er hatte das Waschbecken mit Wasser gefüllt und drehte den Hahn zu.

»Bist du wahnsinnig«, rief Ada, »du kannst die Fische doch nicht einfach in stinknormales Leitungswasser werfen, das sind keine Gummienten, die brauchen eine bestimmte Wasserhärte, eine bestimmte Temperatur, glaubst du, der Filter hängt da zur Dekoration?«

Juri hob den Filter seelenruhig aus dem Wasser und setzte ihn ins Waschbecken, dann griff er nach dem Fangnetz, das an der Wannenwand lehnte, wo Ada es vergessen hatte. Er krempelte die Ärmel hoch. »Ich kann damit leben«, sagte er, »dass du mein Kühlschrankfach leer frisst, dass du mein Waschmittel benutzt, die Küche vollqualmst, überall deine Haare verteilst, mir die Frauen vergraulst und mir aus dem Weg gehst, als wäre ich irgendwie ansteckend. Aber das da«, er kreiste mit dem Zeigefinger die Wanne ein, »das geht zu weit.«

»Meine Güte«, sagte Ada, »wasch dich doch *da*.« Sie zeigte aufs Waschbecken.

»Ich habe den ganzen Tag in der Goldschmiede gesessen«, sagte Juri, während er sich gelassen Stiefel und Socken auszog, »ich bin dreckig von oben bis unten, siehst du«, sagte er und fuhr sich mit den Händen durch die Haare, dass es nur so staubte, »heute Morgen hast du da gelegen«, er zeigte auf die Wanne, »jetzt sind da diese Viecher drin, wer weiß, was mich als Nächstes erwartet.«

Ada schwieg und wich Juris Blick aus. Als sie sich ihm wieder zuwandte, hatte er schon einen der Diskusfische im Fangnetz aus dem Wasser gehoben.

»Spinnst du«, rief Ada und versuchte ihm das Netz abzunehmen. Aber Juri wich ihr aus und ließ den Fisch ins Waschbecken gleiten.

»Von meinem Großvater weiß ich, dass die deswegen nicht gleich mit dem Bauch nach oben schwimmen«, sagte er, während er sich mit dem Netz an den zweiten Fisch heranpirschte, »der hat mich oft genug mit ins Vivarium geschleppt und mir Vorträge gehalten.«

Ada musste sich zurückhalten, um Juri das Netz nicht aus der Hand zu reißen, sie wollte den Fisch nicht verletzen.

»Warum kaufst du dir eigentlich Fische, wenn du Ende der Woche die Stadt verlässt«, fragte Juri, »das macht überhaupt keinen Sinn.«

»Das mit der Sinnsuche«, sagte Ada, »sollte jeder für sich selbst regeln, findest du nicht?«

Juri betrachtete den zweiten Diskusfisch, den er eben aus der Wanne gezogen hatte. »Ich habe schon meinen Großvater nicht verstanden«, sagte er, »das sind doch vollkommen nutzlose Tiere, solange sie nicht auf dem Teller liegen. Die kann man nicht streicheln, die geben keine Milch, die sehen den ganzen Tag nur aus, als müssten sie sich mühsam wachhalten, und kosten trotzdem ein Vermögen. Die kennen noch nicht einmal den Unterschied zwischen nass und trocken, respektive, sie kennen ihn erst, wenn es für sie zu spät ist.«

Adas Augen füllten sich ganz plötzlich mit Tränen, ohne dass sie etwas dagegen tun konnte. Sie spürte wieder das Drücken der Heckenschere im Bauch und vergrub das Gesicht in den Händen, hinter denen sie sich am liebsten ganz versteckt hätte. Sie hörte, wie Juri zum Toilettenpapierspender ging und ein paar Blätter abzupfte. »Hier«, sagte er und streckte ihr das Papier hin. Ada nickte, griff nach dem Toilettenpapier und setzte sich auf den Wannenrand.

Sie betrachtete die kleinen Pusteln auf dem Toilettenpapier, dieselben Pusteln wie auf dem Papier in der Zugtoilette, von denen kein Mensch wusste, wozu sie nutze waren.

»In der Zoohandlung habe ich nicht nachgedacht«, sagte sie, »ich fand die Fische nur so unglaublich schön, und als die Verkäuferin mir den Preis genannt hat, waren sie schon eingepackt, ich konnte sie doch nicht einfach dalassen. Das Aquarium, das ich anschaffen müsste, kann ich mir im Leben nicht leisten, und bei den Neonsalmlern ist kein Platz. Aber das sind besondere Fische, eine Zeitlang dachte man, sie fressen ihre Jungen, bis man irgendwann herausgefunden hat, dass die kleinen sich vom Hautsekret im Mund ihrer Eltern ernähren. Nur habe ich mir nicht so genau überlegt, wovon *ich* mich ernähren soll, bis ich die Rechnung abbezahlt habe.«

Juri setzte sich neben sie auf den Wannenrand. »Bring sie halt einfach zurück«, sagte er.

»Das sind Fische«, sagte Ada, »keine Pullover.«

»Du musst es nur klug anstellen«, sagte Juri. »Ich habe mir schon mal ein Harmonium liefern lassen und es nach zwei Tagen wieder zurückgegeben.«

»Du spielst Harmonium?«, fragte Ada.

Juri schüttelte den Kopf, »nein, ich kann überhaupt nichts spielen, aber Instrumente faszinieren mich, das Material, die Formen, die ganze funktionierende Erfindung. Ich finde es entspannend, laut und falsch auf einem Instrument zu spielen, das mir nicht gehört.«

»Und wie bist du das Ding wieder losgeworden?«

Juri zog den Stöpsel aus der Wanne. »Danke, habe ich zu der Dame am Telefon gesagt, ich habe das Instrument jetzt zwei Tage lang getestet, die Tasten sind zu hart, und ich wäre froh, wenn Sie es morgen gegen vierzehn Uhr wieder abholen könnten.«

Ada lachte. »Und das hat funktioniert?«

Juri nickte. »Die Betonung der Sätze ist wichtig. Du musst deine Begründung nach Abmachung klingen lassen. Als sei es von Anfang an klar gewesen, dass die gekaufte Ware deinen Ansprüchen höchstwahrscheinlich nicht genügen wird. Du bist doch Schauspielerin, das machst du mit links.«

Ada betrachtete Juri von der Seite, seine großen Ohren, die ein klein wenig wackelten, wenn er sprach, die Wetterfalten um seine Augen, seine staubigen Haare, die ein Stückchen gewachsen waren seit seinem Einzug, seine Hände, die ruhig auf den Knien lagen, seine rötlichen Barthaare, in denen sich brauner Staub verfangen hatte, so dass es aussah, als wären ein paar seiner Sommersprossen von der Wange gerutscht und im Bart hängengeblieben.

»Später habe ich allerdings nur noch kleine Instrumente angeschafft«, sagte Juri, »ein Saxophon, zwei Geigen, ein Akkordeon und ein antikes Waldhorn. Gerade liebäugle ich mit einem Kontrabass, den ich in der Gerbergasse gesehen habe. Es reicht mir vollkommen, diese Instrumente zu kaufen und nach Hause zu bringen. Ich behalte sie ein, zwei Tage in der Wohnung und spiele darauf. Wenn ich sie danach zurückbringe, fehlen sie mir nicht.« Er stand auf, ging zur Tür und hielt sie Ada auf.

»Was soll das bedeuten?«, fragte Ada.

»Ich will duschen«, sagte Juri.

»Ach so, ja.« Ada stand auf. In der Wohnung über ihnen

hatte der Nachbarjunge wieder angefangen, Xylophon zu spielen. Die Vorstellung, dass ihm das Instrument vielleicht gar nicht gehörte, dass er vielleicht nur seinen Klang anprobierte wie ein viel zu buntes T-Shirt, stimmte sie ein wenig versöhnlich. Sie zerknüllte das Toilettenpapier und steckte es in die Hosentasche. »Es gab ein Problem mit dem Zug, ich bin gar nicht bis nach München gekommen«, sagte sie und verließ das Bad.

DONNA TARTT

Der Distelfink

Vor Boris hatte ich meine Einsamkeit ziemlich stoisch ertragen, ohne so recht zu merken, wie allein ich war. Und ich glaube, wenn einer von uns in einem wenigstens halbwegs normalen Haushalt gelebt hätte, mit Zapfenstreich und häuslichen Pflichten und Aufsicht durch Erwachsene, wären wir nicht ganz so schnell so unzertrennlich geworden, aber so waren wir praktisch von diesem Tag an ständig beieinander, schnorrten unser Essen zusammen und teilten das Geld, das wir hatten.

In New York war ich mit vielen weltgewandten Kids aufgewachsen – mit Kids, die im Ausland gelebt hatten und drei oder vier Sprachen konnten, die Sommerprogramme in Heidelberg absolvierten und ihre Ferien an Orten wie Rio und Innsbruck oder Cap d'Antibes verbrachten. Aber Boris stellte sie alle in den Schatten, wie ein alter Hochseekapitän. Er hatte ein Kamel geritten. Er hatte Witchetty-Maden gegessen, Kricket gespielt, Malaria gehabt und in der Ukraine auf der Straße gelebt (»aber nur zwei Wochen«). Er hatte allein eine Stange Dynamit gezündet und war in krokodilverseuchten australischen Flüssen geschwommen. Er hatte Tschechow auf Russisch gelesen und Autoren, von denen ich noch nie gehört hatte, auf Ukrainisch und Polnisch. Er hatte die mittwinterliche

Dunkelheit in Russland überstanden, wo die Temperaturen unter minus vierzig Grad fielen: endlose Blizzards, Schnee und Glatteis, und als einzige Aufmunterung eine grüne Neonpalme, die vierundzwanzig Stunden am Tag vor der Provinzbar leuchtete, in die sein Vater gern zum Trinken hinging. Obwohl er nur ein Jahr älter als ich war – fünfzehn –, hatte er schon richtig Sex mit einem Mädchen gehabt, in Alaska. Er hatte sie auf dem Parkplatz eines Supermarkts um eine Zigarette angehauen, sie hatte ihn gefragt, ob er sich mit ihr ins Auto setzen wollte, und das war's gewesen. (»Aber weißt du was?«, fragte er und blies Rauch aus dem Mundwinkel. »Ich glaube nicht, dass es ihr besonders gefallen hat.«

»Dir denn?«

»Gott, ja. Obwohl, ich muss dir sagen, ich weiß, dass ich es nicht richtig gemacht habe. Ich glaube, war zu eng in dem Auto.«)

Jeden Tag fuhren wir mit dem Bus zusammen nach Hause. Am halbfertigen Gemeindezentrum am Rand von Desatoya Estates, wo die Türen mit Vorhängeschlössern gesichert waren und die Palmen tot und braun in ihren Kübeln standen, war ein verlassener Spielplatz, und dort holten wir uns Softdrinks und geschmolzene Schokoriegel aus dem schwindenden Bestand der Automaten, setzten uns auf die Schaukeln, rauchten und redeten. Seine schlechten Launen und finsteren Stimmungen, die häufig auftraten, wechselten sich mit ungesunden Heiterkeitsausbrüchen ab. Er war wild und düster, manchmal konnte er mich so sehr zum Lachen bringen, dass ich Seitenstiche bekam, und wir hatten immer so viel zu erzählen, dass wir oft die Zeit aus den Augen verloren und bis weit in die Dunkelheit hinein draußen sitzen blieben und redeten. In der Ukraine hatte er mitangesehen, wie einem Abgeordneten auf dem Weg zu seinem Auto in den Bauch geschossen wurde – rein zufällig, zwar nicht den Schützen, aber den breitschultrigen Mann in einem zu engen Mantel, der in Dunkelheit und Schnee auf die Knie fiel. Er erzählte mir von seiner winzigen Blechdachschule am Rande des Chippewa-Reservats in Alberta, sang mir polnische Kinderlieder vor (»in Polen wir lernen als Hausaufgabe meistens ein Gedicht oder ein Lied auswendig, ein Gebet vielleicht, so was ...«), und er brachte mir das Fluchen auf Russisch bei (»das ist der echte *Mat* – die Sprache des Gulag«). Er erzählte mir auch, wie er in Indonesien von seinem Freund Bami, dem Koch, zum Islam bekehrt worden war: kein Schweinefleisch, Fasten im Ramadan und fünfmal am Tag in Richtung Mekka beten. »Aber ich bin kein Muslim mehr.« Er zog die Fußspitze durch den Staub. Wir lagen rücklings auf dem Karussell, und uns war schwindlig vom Kreiseln. »Hab ich vor einer Weile aufgegeben.«

»Warum?«

»Weil ich trinke.« (Das war das Understatement des Jahres. Boris trank Bier, wie andere Kids Pepsi tranken, und er fing praktisch in dem Augenblick an, als wir aus der Schule kamen.)

»Aber wen interessiert das?«, fragte ich. »Ich meine, wieso muss das jemand wissen?«

Er schnaubte ungeduldig. »Weil es unrecht ist, den Glauben zu bekennen, wenn man ihn nicht ordentlich befolgt. Respektlos gegen den Islam.«

»Trotzdem. ›Boris von Arabien‹, das hat einen gewissen Klang.«

»Leck mich.«

»Nein, im Ernst.« Ich lachte und stemmte mich auf den Ellenbogen hoch. »Hast du wirklich an das alles geglaubt?«

»An was alles?«

»Du weißt schon. Allah und Mohammed. ›Es gibt keinen Gott außer Gott‹ ...?«

»Nein«, sagte er ein bisschen wütend, »mein Islam war was Politisches.«

»Was, du meinst, wie beim Schuhbomber?«

Er lachte schnaufend. »Scheiße, nein. Außerdem, der Islam lehrt keine Gewalt.«

»Was dann?«

Er richtete sich auf dem Karussell auf, und sein Blick war wachsam. »Was meinst du damit, was dann? Was willst du damit sagen?«

»Bleib ruhig! Das war eine Frage.«

»Nämlich ...?«

»Wenn du dich dazu bekehrt hast und so, woran hast du dann geglaubt?«

Er gluckste, als hätte ich ihn vom Haken gelassen. »Geglaubt? Ha! Ich glaube an *nichts*!«

»Was? Du meinst, jetzt.«

»Ich meine, nie. Na ja – die Jungfrau Maria, ein bisschen. Aber Allah und Gott ...? Nicht so sehr.«

»Wieso zum Teufel wolltest du dann Muslim sein?«

»Weil«, er streckte die Hände aus, wie er es manchmal tat, wenn er nicht weiterwusste, »so wunderbare Leute, sie waren alle so freundlich zu mir!«

»Das ist ein Anfang.«

»Ja, war es, wirklich. Sie haben mir einen arabischen Namen gegeben – Badr al-Dine. *Badr* ist der Mond, und es bedeutet so was wie ›Mond der Treue‹, aber sie haben gesagt: ›Boris, du bist *badr*, denn du leuchtest überall, weil du jetzt Muslim bist, strahlst in die Welt mit deiner Religion, leuchtest überall, wo du gehst.‹ Es gefiel mir, Badr zu sein. Und die Moschee war erstklassig. Ein verfallener Palast – nachts schienen die Sterne rein – Vögel im Dach. Ein alter Javaner hat uns den Koran beigebracht. Und sie haben mir auch zu essen gegeben und waren freundlich und haben dafür gesorgt, dass ich sauber war und saubere Sachen hatte. Manchmal bin ich auf meinem Gebetsteppich eingeschlafen. Und beim *salah*, im Morgengrauen, wenn die Vögel aufwachten, hörte man immer das Geräusch von Flügelschlagen!«

Sein australo-ukrainischer Akzent war auf jeden Fall sehr seltsam, aber sein Englisch war fast so flüssig wie meins, und in Anbetracht der kurzen Zeit, die er in Amerika gelebt hatte, war er ziemlich bewandert in *amerikanskii* Gebräuchen. Dauernd brütete er über seinem zerfledderten Taschenwörterbuch (sein Name stand in kyrillischen Buchstaben vorn auf den Einband gekritzelt und in säuberlichen Lettern auf Englisch darunter: BORYS VOLODYMYROVYCH PAVLYKOVSKY), und ich fand ständig alte Servietten aus dem 7-Eleven und andere Zettel mit Listen von Wörtern und Begriffen, die er notiert hatte:

zügeln und zähmen
Geschwindigkeit
Trattoria
Gangster = *крутой пацан*
Propinquität
Pflichtversäumnis

Wenn sein Wörterbuch ihn im Stich ließ, befragte er mich. »Was bedeutet Oberstufe?«, fragte er mich vor dem schwarzen Brett auf dem Flur in der Schule. »HWS-Lehre? PolyTK?« (Bei ihm klang es wie Polly-Tick.) Von den meisten Angeboten auf der Speisekarte der Cafeteria hatte er noch nie gehört: Fajitas, Falafel, Truthahn-Terrazzini. Obwohl er eine Menge über Filme und Musik wusste, war er um Jahrzehnte hinter der Zeit zurück; er hatte keine Ahnung von Sport oder Computerspielen oder Fernsehen, und abgesehen von ein paar großen europäischen Marken wie Mercedes oder BMW konnte er ein Auto nicht vom anderen unterscheiden. Das amerikanische Geld brachte ihn durcheinander und die amerikanische Geographie manchmal auch: In welcher Provinz lag Kalifornien? Und konnte ich ihm sagen, wie die Hauptstadt von New England hieß?

Aber er war es gewohnt, allein zu sein. Vergnügt machte er sich für die Schule fertig, besorgte sich Fahrgelegenheiten, unterschrieb seine Zeugnisse selbst und klaute seine Lebensmittel und das, was er für die Schule brauchte, im Supermarkt. Ungefähr einmal pro Woche machten wir in der erstickenden Hitze einen meilenweiten Umweg, überschattet von Schirmen wie indonesische Stammesangehörige, und nahmen den popeligen Ortsverkehrsbus namens cat, mit dem, soweit ich es erkennen konnte, niemand zu uns hinausfuhr außer Betrunkenen, Leuten, die zu arm für ein Auto waren, und Kids. Er fuhr in langen Abständen, und wenn wir ihn verpassten, mussten wir eine ganze Weile herumstehen und auf den nächsten warten, aber an einer der Haltestellen gab es eine Shopping Plaza mit einem eisgekühlten, blitzenden, personell unterbesetzten Supermarkt, und dort stahl Boris für uns Steaks, Butter, Beuteltee, Gurken (eine besondere Delikatesse für ihn), Packungen mit Speck – und einmal, als ich erkältet war, sogar Hustensirup. Das alles schob er in das aufgeschnittene Futter seines hässlichen Regenmantels (ein Männermantel, viel zu groß für ihn, mit Hängeschultern und einer finsteren Ostblock-Optik, der an Lebensmittelrationierung und Sowjet-Fabriken denken ließ, an Industriekomplexe in Lemberg oder Odessa). Während er herumspazierte, stand ich Schmiere am Anfang des Ganges, so zittrig vor Nervosität, dass ich manchmal Angst hatte, ich könnte in Ohnmacht fallen, aber schon bald füllte ich mir auch selbst die Taschen mit Äpfeln und Schokolade (ebenfalls Dinge, die Boris gern aß), bevor ich dreist an die Theke trat und Brot und Milch und andere Sachen kaufte, die zum Stehlen zu groß waren.

Zu Hause in New York, ich war ungefähr elf, hatte meine Mutter mich in meiner Tagesstätte zu einem Kurs namens »Kinder in der Küche« angemeldet, und dort hatte ich gelernt, ein paar einfache Mahlzeiten zu kochen: Hamburger, gegrillten Käse (den machte ich manchmal abends für meine Mutter, wenn sie lange arbeiten musste) und etwas, das Boris »Ei und Toasts« nannte. Boris saß auf der Arbeitsplatte, ließ die Fersen gegen den Unterschrank baumeln und redete mit mir, während ich kochte, und nachher wusch er das Geschirr ab. In der Ukraine, erzählte er mir, hatte er manchmal als Taschendieb gearbeitet, um Geld für Essen zu bekommen. »Bin verfolgt worden, ein oder zwei Mal. Aber erwischt nie.«

»Vielleicht sollten wir irgendwann mal zusammen zum Strip fahren«, sagte ich. Wir standen bei mir zu Hause mit Messer und Gabel an der Küchentheke und aßen unsere Steaks direkt aus der Pfanne. »Das wäre genau der richtige Ort dafür. Ich hab noch nie so viele Betrunkene gesehen wie da, und sie sind alle von außerhalb.«

Er hörte auf zu kauen und sah mich schockiert an. »Und warum sollten wir? Ist doch so leicht zu klauen hier, so große Geschäfte!«

»Ich sag ja nur.« Das Geld, das ich von den Portiers gekriegt hatte und das Boris und ich nach und nach in kleinen Dollarbeträgen ausgaben, an Automaten und in dem 7-Eleven-Supermarkt neben der Schule, den Boris immer »das Magazin« nannte, würde noch eine Weile reichen, aber nicht ewig.

»Ha! Und was mach ich, wenn du verhaftet wirst, Potter?« Er warf dem Hund, dem er beigebracht hatte, auf den Hinterbeinen zu tanzen, ein großes Stück von seinem Steak zu. »Wer kocht dann das Essen? Und wer kümmert sich um Snaps hier?« Er nannte Xandras Hund Popper immer nur »Amyl« und »Nitrat« und »Poptschik« und »Snaps«, aber nie bei seinem richtigen Namen. Ich nahm ihn immer öfter mit ins Haus, obwohl ich das nicht sollte; ich hatte es einfach satt, dass er ständig an seiner Kette zerrte, um durch die Glastür hereinzuschauen, und sich die Lunge aus dem

Leib kläffte. Drinnen war er überraschend ruhig; er lechzte nach Aufmerksamkeit und blieb uns immer eifrig auf den Fersen, die Treppe rauf und wieder runter, und er rollte sich in meinem Zimmer auf dem Teppich zusammen und schlief, wenn Boris und ich uns unterhielten und stritten und Musik hörten.

»Im Ernst, Boris.« Ich strich mir die Haare aus den Augen (ich musste dringend zum Frisör, aber dafür wollte ich kein Geld ausgeben). »Ich sehe keinen großen Unterschied, ob man Steaks oder Brieftaschen klaut.«

»Ist *großer* Unterschied, Potter.« Er breitete die Arme aus, um mir zu zeigen, wie groß der Unterschied war. »Werktätige Personen bestehlen? Oder große, reiche Firma bestehlen, die das Volk ausraubt?«

»Costco raubt das Volk nicht aus. Costco ist ein Discount-Supermarkt.«

»Na prima. Privaten Bürgern den Grundbedarf des Alltagslebens stehlen. Das ist dein superschlauer Plan. Aus!«, sagte er zu dem Hund, der laut kläffend um noch ein Stück Fleisch bettelte.

»Ich würde doch keinen armen Werktätigen bestehlen.« Ich warf Popper selbst ein Stück Steak hin. »In Vegas laufen jede Menge halbseidene Leute rum, die bündelweise Bargeld bei sich haben.«

»Halbseiden?«

»Zweifelhaft. Unehrlich.«

»Ah.« Die dunkle Braue hob sich winkelförmig. »Okay. Aber wenn du Geld von Halbseidenen stiehlst, von Gangstern zum Beispiel, werden sie dir doch wahrscheinlich was tun, *nie*?«

»Hattest du in der Ukraine keine Angst, dass dir einer was tut?«

Er zuckte die Achseln. »Mich verprügeln vielleicht. Aber nicht erschießen.«

»Erschießen?«

»Ja, *erschießen*. Guck nicht überrascht. Hier Cowboy Country. Wer weiß? Jeder hat Pistolen.«

»Ich rede nicht von Polizisten. Ich rede von betrunkenen Touristen. Samstags abends wimmelt es davon.«

»Ha!« Er stellte die Pfanne auf den Boden, damit der Hund die Reste fressen konnte. »Wahrscheinlich wirst du enden im Knast, Potter. Lockere Moral, Sklave der Wirtschaft. Sehr schlechter Bürger, du.«

ALI SMITH
Jenny Robertson
deine Freundin kommt nicht

Meine Freundin Elizabeth und ich wollten zusammen ins Kino gehen und hatten ausgemacht, dass wir vorher in einem kleinen italienischen Restaurant etwas essen. Es ist nett da, sagte Elizabeth am Telefon, nicht zu schick und nicht zu teuer, und das Essen ist klasse. Es war ein schöner, ziemlich warmer Sommerabend, und ich schlenderte zum Grassmarket und wartete auf sie, lehnte mich an die Tür des Restaurants, von deren Staub ich hinterher allerdings ärgerliche Spuren auf der Jacke hatte, was ich aber für mich behielt, und dann kam Elizabeth die Straße entlang, und wir setzten uns und zogen die Jacken aus.

Wir hatten uns einen Fenstertisch in der Sonne ausgesucht, was ich immer sehr mag, aber gleich kam ein Kellner angelaufen, genau genommen hatten wir gerade erst die Jacken ausgezogen und uns niedergelassen, und bat uns, an einen dunkleren Tisch zu wechseln, der hier sei reserviert. Wir zogen also um, aber ich war nicht scharf auf den dunkleren Tisch, dort war es zu dunkel. Außerdem stand er weiter hinten im Restaurant, wo auch eine längere Tafel war, zu der man zwei oder drei Tische zusammengeschoben hatte, wie das eben gemacht wird, und die Gäste an dem Tisch waren sehr laut, hatten auch schon einiges getrunken und riefen ständig irgendetwas zu uns herüber, weil wir, zwei junge Frauen, allein da waren. Es war, was mich betraf, also schon eine kleinere Katastrophe, dass wir nicht am Fenster saßen, zumal der Tisch nur reserviert war, weil dort die Angestellten, der Kellner und die Frau am Tresen zum Beispiel, Pause machten und Kaffee tranken, und es ärgerte mich gewaltig, als ich merkte, wie das hier lief.

Wir hatten unsere Antipasti gegessen und wollten gerade mit der Lasagne anfangen, als meine Freundin Elizabeth jemand hereinkommen sah und zu uns an den Tisch rief. Es war Greta, die ich noch nicht persönlich kannte, Elizabeth aber schon oft erwähnt hatte, sie waren Freundinnen an der Uni. Mehr als einmal hatte Elizabeth mir erzählt, wie Greta zu ihrem Namen gekommen war, denn als ihre Mutter sie zur Welt brachte, sagte der Arzt während der letzten Presswehen zu ihr, sie solle von dreißig bis null rückwärts zählen und sich auf die Zahlen konzentrieren, und Gretas Mutter, die Filme sehr mochte, musste sofort daran denken, dass der Regisseur des Films *Königin Christine* Greta Garbo, die in dem Film spielte, die Anweisung gegeben hatte, einfach starr in die Ferne zu schauen und von dreißig rückwärts zu zählen, und das ist die letzte Szene in dem Film. Es ist die schönste Aufnahme von ihr, die es je gab, es sind die schönsten dreißig Sekunden Kino, die es gibt und die es je geben wird, sagte Elizabeth mal zu mir, sie ist da, steht am Bug eines großen Schiffes und blickt in eine Zukunft ohne ihren Geliebten, ihren toten Geliebten, für den sie auf ihr Königreich verzichtet hat, und blickt hinaus aufs Meer, hinaus in die Leere, und die Kamera fährt immer näher heran, und dreißig Sekunden lang sieht man nur die reine Schönheit eines anderen Menschen. Und sie steht da, in ihrer ganzen Schönheit, und zählt im Kopf rückwärts: neunundzwanzig, achtundzwanzig, siebenundzwanzig.

Für meine Begriffe wäre es mit der Schönheit Essig, wenn ich wüsste, dass sie das so spielt, außerdem habe ich sowieso nicht die Angewohnheit, andere Frauen schön zu finden. Allerdings habe ich den Film nicht gesehen. Elizabeth sagt aber solche Sachen. Ich habe noch nie jemanden kennengelernt, der so redet wie sie.

Greta, die Freundin, setzte sich also zu uns, und mir wäre es, ehrlich gesagt, lieber gewesen, wenn sie es gelassen hätte, das Leidige an Greta ist nämlich, dass sie lange krank war und dass man sich kaum auf irgendetwas konzentrieren, geschweige denn seine Lasagne essen kann, wenn ein Kranker mit am Tisch sitzt. Greta hat es allerdings, das muss ich ihr lassen, gar nicht erwähnt, und als Elizabeth wissen wollte, wie es ihr gehe, hat sie auch nicht ewig und drei Tage darüber geredet. Aber es reicht ja, dass ein Kranker da ist. Mit diesen dunklen Augenringen um die Augen, vor denen man gerade isst. Und diesem dünn gewordenen Hals. Ich fand die Lasagne sowieso nicht besonders, weil sie in der Mikrowelle heiß gemacht worden war und ich mir schon beim ersten Bissen die Zunge verbrannt hatte, außerdem war meine Gabel nicht gerade sauber, so dass sich das Restaurant eigentlich als Fehlschlag erwies.

Und dann lud Elizabeth Greta ein, mit uns ins Kino zu gehen. Wir machten uns auf den Weg, und schon da überlegte ich, wie ich vermeiden konnte, neben, Sie wissen schon, zu sitzen. Es war aber ein schöner Spaziergang zum

Kino in der Abendsonne, es machte Laune, zusammen auszugehen. Als wir zum Kino kamen und unsere Eintrittskarten kauften, sah Elizabeth einen Zettel, der mit Klebeband außen am Ticketschalter befestigt war. Darauf stand: Jenny Robertson deine Freundin kommt nicht. Elizabeth las es uns vor und lachte so, wie sie es tut, wenn sie etwas bemerkt hat und ihr dazu etwas Kluges eingefallen ist. Greta schaute sich den Zettel an und las ihn auch vor, sagte, ach, das ist ja traurig, das hat etwas sehr Trauriges. Ich stimmte zu, ja, sagte ich, schade, nicht, jetzt wird sie sich extra auf den Weg zum Kino gemacht haben und wird den ganzen Weg zurückgehen müssen, wenn sie sich den Film nicht allein ansehen will. Ganz schön aufwendig, falls sie weiter weg wohnt, und was, wenn sie sich sogar ein Taxi geleistet hat? Insgeheim jedoch dachte ich, wenn Jenny Robertson genau in dem Moment im Kino aufgetaucht wäre, dann würde Elizabeth sie wahrscheinlich von irgendwoher kennen und hätte *sie* auch eingeladen, sich uns anzuschließen.

Der Film war ziemlich gut, es war einer von Elizabeths Lieblingsfilmen, deshalb waren wir ins Kino gegangen. Er handelte von zwei Jungen, die während des Kriegs zur Schule gehen, und einer ist Jude, der andere nicht, und die Nazis holen den einen schließlich ab und bringen ihn weg. Der Film war auf Französisch, und ich hab eine ganze Menge doch verstanden, obwohl ich nicht in Frankreich war wie sie. Der Film hat mir gefallen, aber ich konnte mir schon vor Schluss denken, wie er ausgeht. Etwas überraschend war aber doch, dass darin nichts über die Lager vorkam. Hinterher, Elizabeth war zur Toilette gegangen, und ich war mit Greta allein, wusste ich nicht, was ich sagen sollte, und fragte Greta deshalb nach ihrer Mutter und dem Rückwärtszählen bei der Geburt. Greta sah mich verständnislos an, und ich erklärte es genauer, erzählte von dem Filmregisseur und dem Rückwärtszählen ab dreißig, von der Schönheit und dem Arzt und ihrer Mutter. Greta sah mich an, als ob ich verrückt wäre, und zum Glück kam da gerade Elizabeth wieder, und ich brauchte die Unterhaltung nicht fortzusetzen.

Wir standen vor dem Kino auf der Straße, und Elizabeth sagte, sie bringe Greta nach Hause, weil sie in derselben Richtung wohnten, und Greta sagte, danke, Liz, und Elizabeth fragte, ob das für mich in Ordnung war. Ich sagte, klar, und es war sogar lustig, weil wir die Einzigen waren, die an den Bushaltestellen standen, ich auf der einen Straßenseite und sie gegenüber, und wir kicherten und winkten uns eine Weile gegenseitig zu, und dann kam ihr Bus und fuhr ab, und ihre Haltestelle war leer. Ich musste im Dunkeln zwanzig Minuten auf meinen warten, und als er kam, musste ich ein Pfund in den Fahrkartenautomaten stecken, und es war einer der Busse, in denen der Automat kein Wechselgeld herausgibt.

LAURA DE WECK

Forever

LENI
MUTTER
VATER

Die Familie sitzt in der Badi.

VATER Leni, du wirst bald achtzehn.
MUTTER O Gott …
VATER Volljährig, Leni, du kannst alle Entscheidungen selber treffen.
MUTTER … und übernimmst jetzt auch die Verantwortung.
VATER Du bist ein großes Mädchen.
MUTTER Weißt du denn schon, was du dir zu deinem Geburtstag wünschst, Liebes?
LENI Klar, ein Tattoo.
MUTTER Was?
VATER Das kommt nicht infrage. Ich bezahl doch nicht dafür, dass du entstellt wirst.
LENI Na gut, dann kann ich mir eben den Profistecher nicht leisten, aber ein Anfänger kann das auch.
MUTTER Leni, warum willst du ein Tattoo?
VATER Weil sie nicht in die Zukunft denken kann!

MUTTER Jetzt flipp doch nicht gleich aus, Jan. Ich kann Leni verstehen. In dieser flüchtigen Welt heute ist nichts mehr von Bestand. Der Job, die Beziehung, Europa, alles kann morgen wieder verschwinden. Da kann ich schon verstehen, dass man sich etwas wünscht, das bleibt, das für immer da ist.

VATER Ein Tattoo kannst du heute genauso aus der Haut lasern wie Griechenland aus Europa. Das kostet einfach viel Zeit und Geld.

LENI Ich will es doch gar nicht weglasern. Das bleibt für immer.

VATER Liebes, nichts bleibt für immer, glaub mir, nichts. Es gibt etliche Dinge, von denen man vor zwanzig Jahren dachte, das wird sich nie und nimmer ändern, und jetzt ist es schon so weit: offene Grenzen in Europa, Homo-Ehe in Amerika, gelüftetes Bankgeheimnis in der Schweiz. Was heute noch sattelfest ist, wird morgen schon hinterfragt!

MUTTER Jetzt übertreib nicht, Jan, das hat doch mit ihrem Tattoo nichts zu tun.

VATER Natürlich. Schau dich hier in der Badi um, Leni. Nach den Ankern und Pin-ups hatten alle Anfang der Neunziger verschlungene Tribal-Symbole an Arsch und Arm, wie der Typ da drüben. Dann sah man an jedem Bein asiatische Schriftzeichen, von denen nicht mal der Tätowierte wusste, was es bedeutet. Seit 2000 liest du auf allen Körpern Gedichte und Lebensweisheiten. Danach kamen die ganz kleinen Sternchen, Delphine und Herzchen an versteckten Orten, die überhaupt nicht versteckt sind, wie man bei der Frau da hinten sieht.

Und jetzt muss man wieder klotzen, um im Bad aufzufallen. Am besten gleich den ganzen Arm oder den ganzen Rücken, großflächig, farbig, Natur, Tiere, Verwandte, detailliert, voll künstlerisch, voll anders als alle anderen. Ich kann's nicht mehr sehen. Liebes, was du jetzt schön und wichtig findest, gefällt dir in fünf Jahren nicht mehr, glaub mir. Lass dir von jemandem sagen, der älter ist: Alles verändert sich, alles, auch der Geschmack.

LENI Meins wird mir immer gefallen.

VATER Du kannst dir das jetzt vielleicht nicht vorstellen, aber auch deine Haut wird mal schrumpelig.

LENI Na und? Das, was auf dem Tattoo steht, bleibt für immer.

MUTTER Was? Was steht denn auf dem Tattoo, Liebes? Was bleibt für immer?

LENI Die Liebe.

VATER Nein, nein, nein! Ich hab's kommen sehen, meine Tochter hat sich in einen Spießer verliebt, der meint, er sei ganz besonders verrucht, mutig und geheimnisvoll, weil er das macht, was alle anderen machen, ein Tattoo! Ein Paar-Tattoo, Leni, niemals! Die Liebe ist noch schlimmer als die Politik, die verändert sich ständig!

MUTTER Das stimmt doch nicht, Jan!

VATER Mit achtzehn schon …

MUTTER Willst du dir Tobis Namen tätowieren lassen?

LENI So ähnlich.

VATER Leni, ich gebe dir tausend Franken, wenn du dich nicht tätowieren lässt.

MUTTER Jetzt wirst du völlig wahnsinnig, Jan. Wenn Leni

sich von Tobi trennt, kann sie immer noch ihren Hund Tobi taufen.

VATER   Nein, nein, nein. Leni, ich verbiete dir, ein Tattoo zu machen!

LENI   Vielleicht hast du recht, Papa, vielleicht ändern sich doch Dinge, von denen man dachte, die bleiben für immer.

MUTTER   Leni, was wolltest du dir tätowieren lassen?

LENI   *I love mom and dad.*

EDUARD VON KEYSERLING

Das Kindermädchen

Margusch saß an dem Bett der kleinen Erika und sang leise vor sich hin. Das Kind wollte nicht einschlafen, wenn Margusch nicht bei ihr saß und sang. Das geräumige Kinderzimmer war angenehm warm, die Lampe mit dem grünen Schirm legte eine farbige Dämmerung über die hellen Wände und dunkle Schatten in die Ecken. Die Möbel standen wohlgeordnet und friedlich beisammen, und von der anderen Seite des Zimmers schimmerten die weißen Polster und weißen Leintücher von Marguschs Bett herüber, während das Unterbett einen großen Schatten auf die Wand warf, voll weicher Rundungen. Ja, es war ein herrliches Bett.

Margusch fühlte sich behaglich, es ging ihr doch recht gut, und sie begriff nicht, dass sie die ersten zwei Wochen sich so unglücklich gefühlt und geheult hatte vor Sehnsucht nach Hause, nach der Knechtswohnung.

Im Haus war es ganz still, denn die Herrschaft war in Gesellschaft gefahren und sollte erst um drei Uhr morgens zurückkehren. Nur aus dem Nebenzimmer klangen zuweilen gedämpfte Stimmen herüber, dort saßen die Zofe Amalie und der Diener Oskar beisammen. Die Bedauernswerten mussten auf die Herrschaft warten, während Margusch, sobald sie wollte, in ihr prachtvolles Bett gehen konnte.

Die Tür öffnete sich leise, und Amalie steckte ihr spitzes Gesicht herein. »Schläft die Kleine?«, fragte sie.

»Ja«, erwiderte Margusch.

»Nun, dann kannst du einen Augenblick zu uns hereinkommen.«

Margusch folgte der Einladung nur widerwillig. Drüben war es aber auch gemütlich. Amalie saß an der Lampe und nähte, Oskar lag in einem Sessel und rauchte. Er hatte die weiß und rot gestreifte Leinenjacke über die Leinenjacke gezogen, sein großes, weißes Gesicht sah müde aus, und die kleinen blauen Augen blinzelten schläfrig in das Licht. Vor einem jeden von ihnen stand ein Glas, in dem ein dunkelgoldener Wein glänzte. Auch eine Flasche stand auf dem Tisch und ein leeres Glas. »So, setz dich«, sagte Amalie, »hier ist auch etwas für dich«, und sie goss Wein in das leere Glas und schob es Margusch zu: »Trink.«

Margusch setzte sich, sie war befangen, die Gegenwart des Herrn Oskar schüchterte sie ein. Vorsichtig nippte sie an dem Glas, ja, das war etwas unglaublich Gutes, stark und süß, es ging wie Feuer durch die Adern. Margusch musste lachen, auch Oskar lächelte wohlwollend. »So was gibt es wohl bei euch auf dem Lande nicht«, meinte er, »ja, ein guter Tropfen ist's.« Dann gähnte er und setzte die unterbrochene Unterhaltung mit Amalie fort: »Im Mai geht es dann nach Karlsbad. Dort wäre es ja nicht so schlecht, wenn nicht das frühe Aufstehen wäre. Der Alte muss um sieben Uhr heraus. Na, ist er fortgegangen, dann frühstücke ich ganz gemütlich, rauche meine Zigarre, lese meine Zeitung, später gehe ich ein wenig auf die Promenade, ich hatte da eine Bekanntschaft, eine Gouvernante, ein herrliches Weib.«

»Ach, Ihre herrlichen Weiber«, schaltete Amalie ein und strich mit dem Daumen über ihre Naht.

»Ja, ein herrliches Weib«, wiederholte Oskar. »Als sie abreiste, gab ich ihr ein Bukett, das mich acht Kronen gekostet hat.«

»Wozu das gut ist«, meinte Amalie.

Oskar zuckte die Achseln: »Das ist nun einmal so Sitte.«

Amalie aber seufzte: »Ach, ihr Männer, Kinder seid ihr alle.«

Margusch hatte still ihren Wein getrunken, sich ganz dem Genuss hingegeben, ihre Wangen röteten sich, und sie musste zwei Knöpfe ihrer Jacke aufknöpfen: Es wurde ihr zu heiß.

Plötzlich lachte Oskar: »Sehen Sie doch die«, sagte er, »die macht ja ein Gesicht wie eine Katze, die Baldrian riecht.«

Das fand Margusch nun wieder so komisch, dass sie in ein unbändiges Lachen verfiel, sie konnte sich gar nicht beruhigen, immer wieder platzte sie heraus: »Nein, der Herr Oskar!«

»Nun, nun«, beruhigte Amalie sie, »es scheint mir, du hast einen Rausch.«

Oskar lächelte gütig, es schmeichelte ihm, dass sein Witz so viel Anklang fand.

Aus dem Kinderzimmer kam jetzt ein schwacher Laut herüber.

»Die Kleine ist wach!«, rief Margusch erschrocken und sprang auf, »nun muss ich gehen.«

»Geh nur«, sagte Amalie.

Als Margusch wieder im dämmerigen Kinderzimmer am

Bett der Kleinen saß und leise vor sich hin sang, da fühlte sie, dass ein leichter Schwindel sie angenehm wiegte, das Blut klopfte ihr in den Schläfen, zuweilen lachte sie noch leise über den Witz des Herrn Oskar. Und dann plötzlich schlug ihre Stimmung seltsam um, das Herz wurde ihr schwer, und sie hätte weinen mögen. Sie dachte an zu Hause; nein, das war kein Denken mehr, es war ein deutliches Träumen.

Sie sah die Stube in dem großen Knechtshaus, es war Schlafenszeit. In dem großen Bett an der einen Wand schlief der Vater schon, und sein tiefes, regelmäßiges Schnarchen war der lauteste Ton im Raum. An der anderen Wand stand das Bett der Großmutter, der Kopf der Alten mit der schwarzen Haube lag auf dem Polster wie eine kleine, dunkle Kugel, und leises Stöhnen und Hüsteln kam von dort her. Die beiden kleinen Geschwister schliefen am Bettende, Marguschs Bett stand nahe dem Fenster, und dort lag bereits die halb erwachsene Schwester und schlief. Margusch hatte der Mutter beim Abwaschen des Geschirrs geholfen, jetzt war sie fertig, lehnte einen Augenblick am noch warmen Herd und gähnte. Die Mutter ging mit der kleinen Lampe hin und her, dieses und jenes zu richten. Im Zimmer roch es nach Rauch, nach feuchtem Holz und der blakenden Lampe. Endlich entschloss sich Margusch, schlafen zu gehen, sie schlüpfte in ihr Bett, die jüngere Schwester, unzufrieden mit der Störung, stieß mit den Beinen nach ihr, Margusch aber drückte sich fest in das Kissen und schloss die Augen. Sie hörte noch eine Weile die nackten Füße der Mutter auf den Steinfliesen des Bodens hin und her gehen. »Margusch«, erklang es plötzlich. Die

Mutter stand vor dem Bett. »Margusch«, sagte sie, »vergiss nicht, in der Nacht nach der Kuh zu sehen, sie wollte heute nicht recht fressen, Gott schütze, dass sie uns krank wird.«

»Gut, gut«, antwortete Margusch schlaftrunken.

Nun ging auch die Mutter zu Bett, seufzend und stöhnend, und löschte die Lampe.

Jetzt waren im Zimmer die schweren Atemzüge vernehmbar, zuweilen ein verschlafener Kehllaut oder ein Hüsteln, es schien, als sei der Schlaf eine schwere Arbeit, die mit Ächzen und Stöhnen vollbracht werden musste. Öffnete Margusch noch einmal die Augen, dann sah sie das Fenster vor sich weiß vom Mondenschein, etwas Licht fiel auch in das Zimmer und legte einen Streifen bleichen Goldes auf die Fliesen. Draußen tobte der Frühlingswind, Margusch hörte deutlich, wie er aus der Ferne heranfuhr, plötzlich ganz nahe war, schrillende, jauchzende Töne ausstieß, an den Fensterscheiben rüttelte und dann weiterjagte, bis ein neuer Stoß kam. Und in das Sausen und Pfeifen mischte sich noch ein Ton, mischte es sich wie fernes Singen. Margusch horchte auf, ja, es war Singen, denn heute war Samstag und die Jungen zogen vom Kruge singend über die Straßen. »Ach, die Jungen«, dachte Margusch, und sie schlief lächelnd ein.

Sie mochte eine Weile geschlafen haben, als die Stimme ihrer Mutter sie weckte: »Margusch! Die Kuh!« Sie fuhr auf, sprang aus dem Bett, warf sich das kurze Röckchen über und lief hinaus. Draußen fasste der Sturm die Tür und warf sie ins Schloss. Margusch blieb einen Augenblick stehen, die große weiße Helligkeit, die über dem Land lag, blendete sie, auch benahm der starke Wind ihr den Atem, er stürzte sich auf sie, überschüttete sie mit den Düften junger Birken, feuchter Wiesen, nasser Tannen, zerrte an ihrem Röckchen und wühlte in ihrem Haar. Sie schauerte in sich zusammen, zog das Hemd höher über die Schultern und hielt ihren Rock fest. So lief sie über den Hof zum Stall hinüber, mitten durch die Wasserpfützen hindurch. Im Stall war es recht dunkel, nur durch eine kleine trübe Fensterscheibe sickerte ein wenig mattes Mondlicht herein. Margusch tappte sich bis zu der Kuh hin, diese lag ruhig auf ihrer Streu und schlief, Margusch fuhr ihr mit der Hand über die Hörner und über das Maul, um zu fühlen, ob diese heiß seien, dann ließ sie ihre Hand auf dem glatten Rücken des Tieres ruhen, wie angenehm warm das war. Auf der Stange schlug ein Huhn mit den Flügeln, im Verschlag grunzte schlaftrunken das Schwein. Margusch wurde schläfrig, am liebsten hätte sie den Kopf auf den warmen Rücken der Kuh gelegt und hätte geschlafen. Sie raffte sich jedoch auf und lief hinaus. Vor der Stalltür blieb sie stehen, ehe sie sich wieder in den Sturm hineinwagte.

Wie weit und weiß das Land war, die nasse Landstraße glänzte wie Silber, und da kam ja auch einer auf ihr heran. Er ging nicht sehr sicher, er sang, hielt einen Birkenzweig in der Hand und schlug damit den Takt. »Das ist ja der André, der vom Kruge kommt«, dachte Margusch. »Gott, diese Jungen!« Und sie lachte still vor sich hin, während sie ihn beobachtete.

Nun war er ganz nahe, da trat sie in den Mondschein hinaus: »Wer ist denn da?«, fragte André, »Maus, wie kommst du hierher?«, und er schlug mit dem Birkenzweig auf ihre Schultern und Beine.

Margusch wollte kichernd an ihm vorüber, er fasste sie an dem Arm, sie riss sich los: »Heute bin ich stärker wie du«, rief sie und lief davon, sodass das Wasser der Pfützen hoch an ihr emporspritzte. Noch in der Stube, als sie in ihr Bett schlüpfte, musste sie über den André lachen. Sie hüllte sich fröstelnd in die Decke, junge Birkenblätter hatten sich in ihr Haar und in ihr Hemd verfangen und dufteten stark und süß. Draußen aber im Hof sang André noch immer sein klagendes Feierabendlied in den Sturm hinein.

Die kleine Erika bewegte sich in ihrem Bett, Margusch fuhr aus ihrer Träumerei auf, still war es um sie her, selbst das Flüstern im Nebenzimmer hatte aufgehört, und das große, warme Kinderzimmer in seiner Dämmerung und seiner Ordnung erschien ihr unendlich beengend und düster. Eine große Traurigkeit schnürte ihr das Herz zusammen, sie wollte schlafen, vielleicht würde es dann besser. Sie ging zu ihrem Bett hinüber, und während sie die Kleider ablegte, fühlte sie, wie Tränen heiß über ihre Wangen rannen. Sie verkroch sich in ihr herrliches Bett, drückte das Gesicht gegen das Kissen, denn es war ihr, als müsste sie laut aufschluchzen aus Sehnsucht nach der Stube im Knechtshaus mit dem mondbeglänzten Fenster, an dem der Frühlingssturm rüttelte.

TERESA PRÄAUER

Fünf Mädchen

Ich wäre gerne eine Gruppe von fünf Mädchen. Fünf sind nämlich stärker, wenn ich sie mir als Einsatztruppe denke. Wogegen? Gegen die Straße, gegen die Burschen, gegen die Eltern und Lehrer. Wogegen man halt ist im Alter von zwölf, dreizehn, vierzehn Jahren. Ich wäre eine Gruppe von fünf Mädchen gegen die Straße, jetzt, heute. Nicht so wie damals, als ich exakt ein Mädchen gewesen und allein herumgestreunt bin. Heute sollen es fünf zeitgenössische Mädchen sein, fünf Schlawiner, sagt man dazu: Schlawinerinnen? Sind sie Wienerinnen? Jedenfalls Großstadtmädchen. Ich sehe sie täglich, wenn ich im Bus sitze und es bereits Mittag geworden ist. Gleich wird es anstrengend, denke ich dann. Aber jetzt, heute, versetze ich mich hinein in diese Mittagspausenmädchengruppe. Denn die bin nun ich, eine Gruppe von fünf Mädchen: Fatima, Lara, Joy, Savannah und Marie.

Eine Marie kann ich gut darstellen. Nicht weil ich aus diesem oder jenem Viertel käme, sondern einfach weil die Marie auch bei mir im Pass steht, obwohl ich sie seit Jahrzehnten keines Blickes würdige. Soll sie hier einmal zu ihrem Recht kommen. Die Marie ist die dickste von allen fünfen, und sie ist schon recht pubertär. Die schmale Fatima hat vier Brüder, die sind natürlich unsere Feinde Nummer eins. Die Gruppe, die ich bin, will bei nächster Gelegenheit diese Brüder ordentlich verkloppen. Ich sage: Wir. Wir wer'n euch verdreschen, Burschen. Die Jungs sind kleiner, und es ist eigentlich unfair, sie zu schlagen, aber das ist uns egal. Is' uns egal!, schreie ich mit der Stimme von Lara und stelle mich Croft-mäßig den kleinen Jungs in den Weg. Joy, unser Blondchen mit Zahnspange, spuckt ihnen vor die Füße und lacht dabei gar nicht nett. Savannah, mit den Unterarmen voll Klebetattoos, steht breitbeinig daneben. Marie drückt sich gegen den größten der kleinen Brüder und sagt: Handy her! Nein, fiept der größte der kleinen Brüder tapfer. Handy her, wiederholt Marie und rülpst dabei in des größten der kleinen Brüder rechtes Ohr. Die vier kleinen Brüder von Fatima beratschlagen sich. Der größte der kleinen Brüder zwingt den kleinsten der kleinen Brüder, sein Handy rauszurücken. Der kleinste der kleinen Brüder hat keine Wahl: Das *Cosmos Galaxy Spirituality* fällt in unsere Hände. Hahaha, lacht Joy.

Wir laufen damit hinunter, auf den Siebenbrunnenplatz zum Beispiel. Falls es Wien ist, ist es der Siebenbrunnenplatz, ganz klar. Unsere Schuhsohlen blinken in der frühen Dämmerung, sie haben integrierte LED-Lichter, weiß, rot und blau. Lichtalarm, wenn wir kommen! Wir setzen uns ins Eiscafé und wischen die Bilder durch: Der kleinste der kleinen Brüder hat sich selbst fotografiert. Hahaha, lachen wir zu fünft. Joy fordert jetzt ein Bussi vom Chef vom Eiscafé. Als sie es bekommt, macht Savannah ein Foto davon. Savannah will als Nächstes das Handy dem Chef vom Eiscafé verkaufen. Der sagt, er wolle es nicht, wir sollten es dem Bruder von Fatima zurückgeben. Wir erpressen ihn hart, und er muss uns fünf Mal Schlumpf-Eis ausgeben, damit wir es dem Bruder von Fatima zurückgeben und das Bussi-Foto nicht seiner Freundin zeigen, Ehrenwort.

Wir laufen die Straße hinauf Richtung Matzleinsdorfer Platz. Den dürfen wir nicht überqueren, weil dort die Bezirksgrenze ist. Im zehnten Bezirk regieren schon die Mädchen vom Reumannplatz.

Den Mädchen vom Reumannplatz wollen wir heute das *Cosmos Galaxy Spirituality* teuer verkaufen. Wer von uns fünf, entgegen den Drohungen und Warnungen, die Bezirksgrenze überschreiten muss, bestimmen wir durch Schreien: Dafür hab ich Zigaretten gekauft! Das war das Geld von meiner Mutter! Lara hat's geklaut! Savannah wird am Ende dazu bestimmt, loszufahren mit dem Bus 49A. Wir haben Forderungen: Wir wollen fünf Mal Pommes vom Mäcki, fünfzig Mal Glitzersteine für die Fingernägel, fünf Kondome zum Befüllen mit Wasser. Es sind nur zwei Stationen, aber im Bus kommt Savannah sicher über den Matzleinsdorfer Platz. Sie verkneift sich das Weinen und steigt in den Bus. »Written Script – my life« steht auf ihrem T-Shirt geschrieben. Mein Leben: ein Drehbuch. Savannah krallt sich an ihrer roten Clutch mit pinkem Plüschbommel fest. Ihre Sohlen blinken. Wir laufen zu viert hinterher, bis sie fast den Matzleinsdorfer Platz erreicht hat. Jetzt ist sie gleich im zehnten, sagen wir. Aus ein paar Metern Entfernung sehen wir, wie Savannah von einem Fahrscheinkontrolleur aus dem Bus geworfen wird. Sie läuft johlend zu uns zurück. Der Kosmos gehört noch immer uns, die Galaxien, der ganze Glitzi-Spirit.

DANIELA KRIEN

Plan B

Bestimmt ist es sechs Jahre her, seit sie sich zum letzten Mal gesehen haben. Maren hatte gerade ihre Hände gewaschen und war sich mit den Fingern durch die Haare gefahren, als sie Bettinas Gesicht im Spiegel entdeckte.

Sie drehte sich um.

Einen Augenblick verharren sie, dann lächeln sie und umarmen sich spontan.

Betti ist dicker geworden. Maren sagt: »Hast dich nicht sehr verändert, Betti.«

»Na ja, schön wär's. Aber du! Du wirklich überhaupt nicht! Mensch Maren, schön! Aber sag mal, bist du schon fertig hier? Hast du Zeit?«

»Ja. Hab nur meinen Antrag abgegeben.«

»Du Glückliche. Mich wollten sie eingliedern. Ins Altersheim als Pflegehelferin. Nur Putzen, Füttern und Arsch abwischen. Nee.« Sie lacht. »Nu guck nicht so betroffen. Ich habe einen guten Arzt, der schreibt mir ein Attest, von wegen Rückenschmerzen und so.« Sie putzt sich die Nase und legt neues Puder auf. »Ich geh noch schnell für kleine Mädchen, dann trinken wir einen Kaffee, ja? Mensch, Maren. Du glaubst gar nicht, wie ich mich freue!«

Es ist alles wie früher.

Maren tritt auf den Gang hinaus und lehnt sich an die

Wand. Rollwagen mit Aktenbergen werden an ihr vorbeigeschoben; über Lautsprecher werden Namen aufgerufen – im Jobcenter ist viel los. Montagmorgen um neun Uhr reichen in den Wartebereichen die Stühle nicht. Der Geruch von kaltem Rauch hängt in der Luft, Kinder spielen auf dem blank gescheuerten Fußboden; ein Junge lässt kleine metallene Autos krachend gegen Stuhlbeine fahren, während ihm die Eltern mit verschränkten Armen stumm dabei zusehen.

Nicht alles ist wie früher.

Die Toilettentür öffnet sich, und Betti sagt: »So. Kann losgehen.« Maren zieht sich die Kapuze ihrer Jacke tiefer ins Gesicht, Betti läuft aufrecht auf hohen Schuhen neben ihr. Das Klacken ihrer Absätze hallt durch die Flure. Vor dem Eingangsbereich stehen die Raucher, am Kiosk um die Ecke hocken die Trinker beieinander; Betti grüßt einen glatzköpfigen Mann mit tätowiertem Nacken, Maren beschleunigt ihren Schritt.

Bettina hakt sich bei der Freundin unter und erzählt. Von dem Freund, den sie hatte, und der Tochter, die sie bekam, von der Arbeit im Hotel und dem Schließen des Hotels, von der Faulheit des Freundes und dem ständigen Computerspielen, von der Trennung und dem Auszug und dem Suchen nach einer neuen Bleibe für sich und Josi, ihr kleines Mädchen. In fröhlichem Plauderton redet sie dahin, spricht von sich, als spräche sie über jemand anderen, streut sich dabei zwei Tütchen Zucker in den Kaffee und löffelt ihn, solange er noch zu heiß ist. Sie hat Falten um die Augen, als sie lacht, ihr pinkfarbener Lippenstift bleibt an der Tasse hängen.

»Aber so kann es nicht weitergehen«, sagt sie und blickt aus dem Fenster des Cafés. »Kein Geld, keinen Job, keinen Mann.« Und schon lacht sie wieder. »Maren, guck nicht so!«

Dass sich ihre Geschichten ähneln, finden sie komisch. Maren hatte ihr Geschichtsstudium in Rostock nach vier Semestern abgebrochen, ihren Sohn geboren, den Vater aus Ghana nicht mit anderen Frauen teilen wollen und ihn verlassen, in Cafés gejobbt, keinen Anschluss gefunden, weil sie doch anders waren dort oben, im Norden, anders als im Muldental. Aber hier sei es ja auch nicht leichter, außer, dass ihr die Mutter helfen könne, weil die auch keine Arbeit habe; und Hilfe braucht sie, mit ihrem Jungen Pascal, der ja erst fünf ist.

Noch immer ist sie schmalhüftig und flachbrüstig, noch immer trägt sie ihr Haar lang, schaut ernst aus den großen Augen. Neben Bettina könnte man sie fast für ein Kind halten.

Deren Gesicht hat alles Mädchenhafte verloren. »Schlurf nicht so«, sagt sie mit gespielter Strenge, »Haltung bewahren, Maren, komme, was da wolle.«

Auf den Strich gehen, das hätte Maren nicht gedacht noch gesagt, obwohl Bettina es später behauptet. Lachend malen sie sich aus, wie sie in hohen Lacklederstiefeln an einer Straße langstolzieren und die Familienväter der kleinen Stadt ihnen aus ihren Autos lüsterne Blicke zuwerfen. Sie können gar nicht aufhören zu lachen, als sie sich vorstellen, wie es weitergeht.

»Nein«, sagt Maren plötzlich. »Wenn, dann machen wir

das in Leipzig. Wir mieten eine Wohnung und machen das richtig. Bettina, ganz im Ernst: Ich will so nicht leben, wir brauchen einen Plan B.«

»Ich wüsste schon, wer uns die ersten Freier besorgt«, meint Bettina ungerührt. »Der Günti, kennst du den noch? Günther Ott, aus meinem Dorf. Der ist Anwalt und geht oft zu Prostituierten.«

Natürlich kennt sie den Günti. Er war Teil der Clique, die sich um die Jahre 88/89 herum gefunden hatte. Günther Ott, Thomas Novacek, Bettina und Maik Hellfritzsch, Nancy Gerling, sie selbst, Maren Wagner, damals die Freundin von Maik, Bettinas Bruder, und ein paar andere, an deren Namen sie sich kaum noch erinnert, weil sie nicht zum harten Kern der Clique gehörten.

Maren war die Einzige, die nicht aus dem Dorf kam. Maik holte sie meistens mit dem Moped aus der Stadt ab, sie fuhren damals ohne Helm die Hügel hinauf und das Tal hinunter bis ins Dorf an der Mulde, und dann saßen sie alle zusammen am *Treff*, dem kleinen Buswartehäuschen aus Beton, mit Fenstern in der Südwand und einer Holzbank darinnen, bei Regen und Sonne, sie tranken Bier und Wein, hörten Musik aus einem Kassettenrekorder. Maren war die Jüngste und Schönste. Und als Maik Skinhead wurde, wurde sie es auch und ließ sich auf den rechten Oberarm einen Totenkopf tätowieren.

Bettina bändelte mit Günti an. Bettina und Maik wohnten über dem Konsum; ihre Mutter war Verkäuferin dort. In einem verlassenen Seitengebäude des Konsum-Hauses, das einst ein Stall gewesen war und nun als Schuppen diente, hat Günti sie entjungfert. Vorher, tagsüber, waren sie im Konsum auf der Bank vor dem Kachelofen gesessen, er hatte ihr eine süße Dosenkondensmilch gekauft, die sie mit dem Zeigefinger ausschleckte. Das hatte ihn beinahe verrückt gemacht. Frau Danckwardt, die Verkaufsstellenleiterin, sah alles kommen, sagte aber nichts zur Mutter von Bettina, die grad im Lager zu tun hatte. Frühreif war sie, die Bettina, mit ihrem großen Busen und dem kurzen, vorn durchgängig geknöpften Lederröckchen. Älter als vierzehn kann sie nicht gewesen sein, als Günti sie in den verramschten Schuppen zog und auf einem uralten Ledersessel in einige Geheimnisse einweihte, von denen sie zwar gehört hatte, die sich – am eigenen Leib erfahren – aber doch recht seltsam anfühlten.

Maren kam etwas später dazu, da war Günti bereits Vergangenheit und irgendein Gerd oder Frank oder Jens an seine Stelle getreten. Bettina gehörte zu den Kurzblühern, wie Frau Danckwardt hinter vorgehaltener Hand zu sagen pflegte, wie eine Pfingstrose, kurz und intensiv, verlockend, aber bald schon verwelkt.

Maren war ihrer Meinung nach das Gegenteil, eine dauerhafte, wenngleich auch weniger betörende Blume, ein wenig bleich und schmal, aber haltbar und zäh, wie das Gänseblümchen.

Anfang der Neunziger löste sich die Clique wieder auf, Nancy Gerling zog nach Stuttgart und lernte Krankenschwester, Thomas Novacek war in die Fußstapfen des Vaters getreten und Töpfer geworden, Maik wurde Maurer, Bettina Hotelfachfrau, Günti ging nach Leipzig, um Jura zu studieren, und Maren machte Abitur.

Das Dorf war bald nicht mehr als eine Wohnsiedlung.

Zuerst schloss das Gemeindeamt, dann der Konsum, gleich darauf das Wirtshaus »Zur Mulde«, der Kindergarten und schließlich die Poststelle.

»Aber jetzt gucken wir nach vorn«, sagt Bettina. »Plan B!«

Ein paar Wochen später sitzen sie gemeinsam in Bettis Wohnzimmer. Auf dem Tisch vor dem Fernseher stehen Chips und Pralinen, eine Flasche Rotkäppchen-Sekt und zwei Gläser, ein Tetrapak Orangensaft, ein Aschenbecher, Zigaretten und Streichhölzer und ein Stapel Filme. Maren kauert in der Sofaecke und starrt auf den Bildschirm. Eine blonde Frau mit riesigen Brüsten befriedigt einen vor ihr liegenden Mann mit dem Mund, während sich ein zweiter Mann von hinten an ihr zu schaffen macht. Hin und wieder sagt sie dem keuchenden Mann vor sich lobende Worte, wie groß und steif sein Schwanz sei, wie geil er sie mache.

Maren hält sich die Hände erst über die Ohren, dann vor die Augen. »Nein, Betti«, sagt sie. »So einen Schwachsinn bringe ich nicht über die Lippen.«

»Ach komm, das ist doch nur ein Beispiel. Du kannst auch was anderes sagen.«

»Kann ich auch gar nichts sagen?«

Betti hebt die Augen zur Decke. »Weiß nicht, kommt auf den Freier an, denke ich. Wenn er will, dass du redest, musst du was sagen.«

»Ich glaub, das kann ich nicht.«

Bettina gähnt und steckt sich gleich darauf eine Praline in den Mund. »Die wollen ein bisschen Programm, weißt du? Das ist wie Vokabeln lernen. Wir üben das jetzt mal.

Ich bin der Mann, und du sagst mir, wie geil dich mein Sch–«

»Hör auf!« Maren schüttelt sich. »Wie du redest ...«

»Männer sind so! Die wollen diesen Quatsch hören.«

»Aber ich kann ihn nicht sagen, diesen Quatsch.«

»Männer sind eigentlich ganz einfach«, sagt Betti plötzlich in sanftem Ton. »Leicht zu durchschauen und leicht zufriedenzustellen. Wenn man nicht gerade mit ihnen zusammenlebt.«

Maren zuckt die Schultern.

»Ach komm. Der Günti hat schon zwei Interessenten.« Bettina nimmt die DVD aus dem Laufwerk und legt sie zurück in die Hülle. »Anwaltskollegen, sagt er.«

Der Wagen rollt also. Maren nickt und schließt die Augen.

»Das war eine blöde Idee, Betti. Wenn das jemand rausfindet ... und überhaupt, die Kinder.«

»Eben. Wir haben Kinder, und denen müssen wir was bieten. Wir machen das nur so lang wie nötig. Mit mehr Geld in der Tasche können wir entspannter einen Job suchen, dann wäre der Druck erst mal weg. Deine Idee ist super, Maren.«

»Es war nicht meine Idee.«

»Aber klar war es deine Idee. Plan B. Hast du gesagt.«

»Aber die Idee kam von dir.«

»Maren, ist doch ganz egal, knick jetzt nicht ein. Wir machen das, und morgen gehen wir Klamotten kaufen. Der Günti schießt uns was vor.«

*

Sie schaut ihn lange an. In ihrer Erinnerung ist er ein schmächtiger, blasser, aber neugieriger und kluger Junge. Vor ihr sitzt ein durchtrainierter Mann mit kantigem Gesicht, kurzem grauen Haar, randloser Brille und dünnen Lippen. Er trägt einen schlichten goldenen Ehering.

»Ich hätte dich nicht erkannt«, sagt Maren.

»Siehst gestresst aus«, stellt Betti fest. An Maren gewandt, fügt sie knapp hinzu: »Günther arbeitet viel, reist viel und verdient viel.«

Er grinst schief und nickt. »Ihr meint das ernst?«, fragt er und schaut dabei Maren an. »Also passt auf: Wenn ich euch helfe, dann nur als Freund. Ich bin Anwalt, nicht euer Zuhälter. Ich tauche nirgends auf, mein Name ist tabu. Ich leih euch als Freund das Geld für den Anfang, und ich bring euch die richtigen Jungs. Den Rest müsst ihr selbst schaffen. Ein *wirklich* ernst zu nehmender Tipp: keine Araber. Für die seid ihr Dreck. Wenn die Jungs, die ich zu euch schicke, zufrieden sind, sollen sie euch weiterempfehlen, das ist am sichersten. Schneeballprinzip nennt man das. Das Geld könnt ihr mir in Raten zurückzahlen. Keine Überweisung. Bar.« Er trinkt sein Bier in einem Zug aus. »Also meint ihr es ernst oder nicht?«

Betti schaut Maren an.

Maren zündet sich eine Zigarette an. »Ja«, sagt sie fest, »wir machen das.«

»Was macht ihr mit den Kindern?«, fragt er.

»Meine Mutter«, sagt Maren leise.

»Bei mir auch. Also meine Eltern.« Bettina zieht sich den Lippenstift nach. »Ich sag denen, wir arbeiten in einem Club in Leipzig, an der Bar.«

Er nickt, dann steht er auf, geht zur Theke; er zahlt die Rechnung für alle, kommt noch einmal an den Tisch zurück und sagt: »Pflegt euch ein bisschen, macht Sport, kauft euch nette Unterwäsche; wenn ihr das richtig anpackt, könnt ihr viel Geld verdienen.«

Er hebt die Hand zum Abschied und verlässt zügig das Lokal.

Maren schluckt und schluckt, ihre Wangen glühen.

»Der Günti ...«, sagt Betti. Sie winkt der Kellnerin und bestellt zwei weitere Gläser Wein.

»Im Lidl suchen sie eine Verkäuferin«, sagt Maren tonlos.

Betti lächelt. »Wenn du Angst hast, machen wir's nicht.«

Später, vor dem Lokal, umarmen sie sich, dann gehen sie auseinander, jede in eine andere Richtung.

*

Von den Fenstern der Wohnung aus blickt man auf eine Kopfsteinpflasterstraße. Am Döner-Imbiss gegenüber stehen junge türkische Männer vor dem Eingang beisammen. Sie zeigen sich ihre neuen Mobiltelefone und reden laut mit weiten Gesten. Links daneben ein Lottogeschäft und eine Fahrradreparaturwerkstatt, rechts ein Ramschladen und ein vietnamesischer Obst- und Gemüsestand.

Das Straßenpflaster glänzt regennass, es ist einer der ersten kühlen Herbsttage.

Aus den Lautsprechern des CD-Spielers ergießt sich Kuschelrock bis in die letzten, noch sehr sauberen Winkel des Zimmers. Sie geht umher und setzt sich aufs Bett. Der erste Freier hat sich für Betti entschieden. Es ist nichts von ihnen zu hören. Günti hatte an alles gedacht und einen Trockenbauer kommen lassen, der Schalldämmung zwischen den Räumen einzog. Maren nippt an einem Glas Sekt, ihre Füße wippen, sie schaut in den Spiegel über dem Bett, streicht mit der freien Hand über die Tagesdecke, schaut erneut in den Spiegel und kommt sich fremd vor. Der rote Lippenstift steht ihr nicht, sie sieht ungeschminkt am besten aus. Sie öffnet eine neue Schachtel Zigaretten und geht wieder zum Fenster. Einer der Türken sieht zu ihr hinauf; sie lässt die Jalousien herunter, trinkt ein weiteres Glas Sekt. Einer käme vielleicht noch, hatte Günti gesagt, auch ein Anwalt. Kurzes, langes, kurzes Klingeln – nur dann sollten sie die Tür öffnen.

Zwölf Stunden ist es her, dass sie etwas gegessen hat. Zwei Toasts mit Marmelade. Pascal hatte ganze vier Stück verdrückt, abwechselnd mit Honig und Schokoaufstrich. Dann brachte sie ihn in den Kindergarten, zu Fuß durch den Regen, mit einem großen gelben Schirm. Er trug dunkelblaue Gummistiefel, eine rote Matschhose und eine grüne Regenjacke. Sein Kräuselhaar kringelte sich wegen der hohen Luftfeuchtigkeit noch mehr als sonst, und er sprang in jede Pfütze. So sehr liebte sie ihn an diesem Morgen, dass es ihr Angst machte.

Später saß sie mit Durchfall auf der Toilette. Noch später rauchte sie eine Zigarette nach der anderen. Bevor sie aufbrachen, putzte sie sich zehn Minuten lang die Zähne und aß anschließend, während der Fahrt nach Leipzig, eine halbe Packung Zitronenmelissebonbons.

Sie geht in den Flur hinaus und horcht. Auf einem runden Bistrotisch liegt die Preisliste neben Pornoheften (Bettis Idee). Von zwanzig bis zweihundert Euro reicht die Spanne, von Handverkehr bis all-inclusive (ebenfalls Bettis Idee; unüblich, aber reizvoll, fand Günther). Sonderwünsche, wie Rollenspiele oder ungefährliche SM-Praktiken, je fünfzig Euro Aufpreis. Sie blättert in einem der Hefte, dann klingelt es. Kurz, lang, kurz. Betti ist noch immer beschäftigt; Maren steht still und lauscht, sie steht ganz starr. Es klingelt ein zweites Mal. Da öffnet sie die Tür.

Es ist ein ganz normaler Mann.

Ein bisschen verlegen ist er, ein bisschen abgehetzt, er habe lang gearbeitet, es sei ein harter Tag gewesen.

Sie nickt und zeigt auf die Liste. »Sie können in Ruhe schauen, ich warte nebenan.«

»Kann ich duschen?«, fragt er.

Sie nickt und zeigt ihm, wo.

»Ich muss erst mal runterkommen.«

»Klar«, antwortet sie. »Kann ich mir denken.«

Mit einem Handtuch um die Hüften betritt er das Zimmer. »Du machst das zum ersten Mal, habe ich gehört.«

Maren hat die Hände im Schoß verschränkt und nickt.

»Keine Angst, ich bin kein Perverser. Wenn du was nicht willst, musst du es nicht tun.«

»Wollen Sie nicht wissen, wie meine Freundin aussieht? Vielleicht gefällt sie Ihnen besser. Aber sie ist noch beschäftigt.«

Der Mann lächelt. »Nein«, sagt er, »ich bin ganz zufrieden mit dir. Und übrigens heiße ich Bernd.«

Dann löst er das Handtuch, nimmt vorsichtig ihre Hand und legt sie zwischen seine Beine. »Wir können ja langsam anfangen«, flüstert er.

Sie zieht ihre Hand wieder weg und legt eine neue Musik ein; sie regelt die Lautstärke höher und geht wieder zu ihm, führt weiter, was sie unterbrochen hat.

Mit geschlossenen Augen hört sie auf den Gesang.

They call me The Wild Rose but my name was Elisa Day. Why they call me it I do not know, for my name was Elisa Day.

Später, als er sie bittet, mit dem Mund weiterzumachen, hält sie ihm ein Kondom hin. »Ohne mach ich nicht«, sagt sie. Er nickt, reißt das Päckchen auf und zieht das Kondom heraus; dann gibt er es ihr.

»Kannst du mich dabei ansehen, ab und zu?«, fragt er. »Du hast schöne Augen.«

Auf dem harten, kalten Laminat schmerzen ihr die Knie. Sie stoppt, nimmt sich ein Kissen und legt es unter ihre Beine. »Du machst das gut«, flüstert er, »sehr gut.«

Wie das mit dem Anschauen gehen soll, weiß sie nicht. Sie lässt die Augen geschlossen.

Ohne Eile zieht er sich an. Ihre Hände riechen nach dem Gleitmittel, sie wischt sie an einem Handtuch ab, nimmt das Geld entgegen, zählt es nach und steckt es in ihre Handtasche. Der Abschied ist höflich; er fragt, ob sie nächste Woche Zeit habe. Sie nickt und begleitet ihn zur Tür.

Betti sitzt auf dem Rand der Badewanne; rote Flecken ziehen sich über ihr Gesicht, den Hals, bis zur Brust hinunter.

»Ist die Aufregung«, sagt sie leise.

Maren nickt. »Soll ich dir was zu trinken bringen? Ich mach mir eine Apfelschorle, ich habe Durst.«

»Ich auch.«

»Hast du vorher abkassiert?«, fragt Betti.

»Nein. Danach.«

»Vorher, Maren. Immer vorher.«

Dann stehen sie in Bettis Zimmer am Fenster. Die Jalousien sind halb heruntergelassen und versperren den Blick, doch ihr Blick ist ohnehin nach innen gerichtet. Die Heizung steht auf höchster Stufe; Maren öffnet das Fenster einen Spalt. Gleichmäßig rauscht der Verkehr.

Später kommt Günther vorbei.

»Wollte mal nach dem Rechten sehen«, sagt er. Bettina hat das Bett inzwischen gerichtet, hat die Tagesdecke darübergelegt und sorgfältig glattgestrichen. Günther sitzt auf einem Stuhl, die Frauen auf dem Bettrand.

»Kommt noch einer?«, fragt Betti.

Günther nickt. »In einer halben Stunde. Peter.«

»Was ist das für einer?«

»Sitzt im Stadtrat. Er ist in Ordnung. Peter ist nicht sein richtiger Name, könnt ihr euch denken.« Er grinst und mustert Maren. »Bernd fand dich übrigens reizend. Der wird Stammkunde. Hervorragender Strafrechtler, wenn du da mal Hilfe brauchst …«

Maren trinkt ihr Glas aus und legt den Kopf in den Nacken.

»Ich hab ihnen gesagt, sie sollen euch weiterempfehlen, wenn sie zufrieden waren. In ein paar Wochen läuft das.«

Er schenkt sich Sekt nach. Dann tippt er mit dem Zeigefinger gegen Marens Bein. »Gehen wir ein bisschen rüber?«

Betti stößt ein kurzes Lachen aus. »Ach so ist das ... Aber du bezahlst wie die anderen.«

»Hey, ihr schuldet mir einiges«, sagt er. Hat er dabei gelächelt? Maren sucht Bettis Blick.

»Das zahlen wir ab, sonst kommen wir durcheinander«, entgegnet Bettina.

Maren schweigt. Sie macht an ihrer Zigarettenschachtel herum, dann steht sie auf und geht in das andere Zimmer; Günther folgt ihr –

Aus der einen Manteltasche holt er ein Foto heraus, aus der anderen sein Telefon. Nach einem Blick auf das Display schaltet er es aus und legt es auf den Nachttisch; er schaut das Foto eine Weile an, hält es Maren hin und senkt den Blick.

Da steht sie: Maren. Auf einem Felsen über dem Fluss, mit ausgebreiteten Armen, bereit zum Sprung oder zum Flug, in einem langen, engen Ledermantel. Ihr Gesicht ist im Halbprofil zu sehen, die Haare wehen im Wind. Am rechten Bildrand hocken Maik und Bettina vor herbstlichen Bäumen, mit Bierflaschen und rauchend.

»Da warst du vierzehn oder fünfzehn. Ich habe mich immer gefragt, was du mit Maik wolltest. Er war ein Idiot.« Er verschränkt die schmalen Hände ineinander, die Knöchel treten weiß hervor. »Und du warst die Hübscheste aus der Clique, und die Klügste.«

»Kann ich das haben?« Maren sieht ihm fest in die Augen.

Er nickt und holt eine CD aus seiner Tasche. »Ich wusste, dass ihr keine anständige Musik habt.« Er lacht abgehackt. »Du magst das komisch finden, aber Bach-Motetten sind immer passend.«

Bei *Komm, Jesu, komm* hat er sich bis auf die Boxershorts ausgezogen, und beim Choral *Weicht ihr Trauergeister* verlässt er – nun wieder vollständig angekleidet – das Zimmer.

Als er sie unbeholfen streichelte, erstarrte sie. Als hätte er mit seiner Berührung ihre Nerven ausgeschaltet, lag sie da, ohne etwas zu fühlen. Mit seinen Fingern fuhr er von ihrem Hals abwärts.

Panisch schob sie seine Hände weg und griff in den Schlitz seiner Unterhose.

Gesagt hat er dann nicht mehr viel.

Hundertfünfzig Euro legte er später auf den Tisch. Beim Abschied strich er ihr über die Wange.

»Lasst euch Zeit mit der Abzahlung«, sagte er.

Nachdem sie sich gewaschen hat und das Gesicht gekühlt, nimmt Maren das Foto und betrachtet es in Ruhe.

Sechzehn ist sie gewesen, nicht vierzehn. Kurz nach ihrem sechzehnten Geburtstag ist dieses Bild entstanden. Den Ledermantel hatte sie sich gerade erst gekauft und ihn einige Tage zuvor bei einem Fotoshooting im Wald zum ersten Mal getragen. Ein Fotograf hatte sie angesprochen, in der Stadt beim Einkaufen. Aus Aachen käme er und sei auf der Suche nach ostdeutschen Fotomodellen, jungen Talenten.

Sie hatte niemandem davon erzählt und sich wie gewünscht mit ihm getroffen, an einem Samstagmorgen an der Tankstelle. Von dort aus waren sie in den Wald gefahren. Sie trug ihren neuen Ledermantel, einen kurzen Jeansrock und ein bauchfreies Blümchentop darunter, obwohl es ein kühler Tag war. Neben einer Flasche Rotwein hatte er einen Sack voller Kleider dabei, die sie nacheinander anzog. Zum Schluss war sie im Bikini auf einem Felsen gestanden, betrunken und glücklich, weil er ihr zum hundertsten Mal gesagt hatte, wie schön sie sei und dass es im Westen so betörende Blüten nur selten gebe, weswegen er jetzt immer hier *herumwildere,* und bei diesem Wort lachte er, der kleine, dicke, bärtige Mann, dessen Name zu melodisch klang, um wahr zu sein, und dessen Kamera nicht wirklich professionell aussah, doch was verstand sie schon davon.

Hier und da richtete Cornelius von Langen ihr die Kleider am Körper, strich ihr die Haare hinters Ohr oder drapierte sie wieder nach vorn. Er selbst trank wenig, weil er das Auto fahren musste. Ihre weiche Haut lobte er, die glänzenden Haare, trotz der schlechten Ernährung in der DDR. Sie hatte artig gelächelt und posiert und sich nur gegen das Küssen gewehrt. Und später im Auto, als er seine Hand unter ihren Rock schob, sagte sie empört: »Ich bin doch keine Nutte!«

Er blickte sie traurig an, dann fuhr er sie nach Hause, ohne sie ein weiteres Mal zu berühren.

Später erzählte sie Bettina davon, obwohl sie sich selbst und Cornelius von Langen versprochen hatte, keinem Menschen etwas zu sagen, sondern abzuwarten, ob sie beim Modellwettbewerb, für den er die Fotos gemacht habe, als Gewinnerin hervorgehen würde. Bis dahin solle sie lieber schweigen.

Auch Bettina sollte schweigen, ging jedoch, nachdem sie sich mit Maren getroffen hatte, direkt zu ihrem Bruder Maik, der zu diesem Zeitpunkt schon Skinhead und noch immer Marens Freund war, und erzählte ihm die Schweinerei, wie sie es nannte.

Maik nahm den kürzlich erworbenen Baseballschläger, packte ihn in den Trabi der Mutter und fuhr zu Maren.

So hatte Maren ihn noch nicht erlebt. Sie kriegte es richtig mit der Angst zu tun. In dem Hotel jedoch, das Cornelius von Langen Maren genannt hatte, wusste man nichts von ihm, und Maik kam unverrichteter Dinge zurück.

Cornelius von Langen war ebenso plötzlich verschwunden, wie er aufgetaucht war. Sie hörte nie wieder von ihm.

Auf dem Foto trägt sie noch ihr ganzes Haar. Kurz darauf rasierte sie es sich an den Seiten ab und ließ sich – genau wie Maik – einen Totenschädel auf den Oberarm stechen. Ein weiteres Jahr später trennte sie sich von Maik und seinen Skinheadfreunden. Das war, als sich die Clique bereits aufzulösen begann, Mitte des Jahres 1993. Maren kam in die elfte Klasse Gymnasium und ließ sich die Haare wieder wachsen. Bettina war zur Ausbildung nach Oberfranken gegangen und blieb manchmal auch an ihren freien Tagen dort, Günther studierte längst in Leipzig und kam nur noch selten.

Die Dinge änderten sich.

Als Betti hereinkommt und sich stumm neben sie setzt, hat Maren das Foto gerade weggesteckt.

Ein bisschen sitzen sie nebeneinander; Maren zuckt zusammen, als Bettis Knie gegen das ihre stößt, dann packen sie ihre Sachen, löschen die Lichter, schließen die Wohnung ab. Bis zum Auto sind es nur wenige Meter, Bettina kramt nach dem Schlüssel, steigt ein und schaltet das Radio an. Sie nimmt einen Schluck aus der Wasserflasche, die am Boden lag, wirft die wieder verschlossene Flasche nach hinten auf die Rücksitzbank und startet den Motor. Maren zieht die Beine an den Körper und wickelt sich ihr dickes schwarzes Wolltuch breit um den Hals, so dass selbst Mund und Nase dahinter verschwinden. Vergeblich wartet sie auf einen Blick von Bettina, ein Lächeln, ein Wort, irgendein Zeichen dafür, dass sie noch dieselben sind.

Am nächsten Morgen bleibt Maren auch nach dem Aufwachen zusammengerollt im Bett liegen. Pascal ist längst im Kindergarten; die Mutter räumt in der Küche herum, dann geht sie ins Wohnzimmer und schaltet den Fernseher ein. Bis zum Mittagessen wird sie dort sitzen bleiben, das ist verlässlich.

Die Sonne scheint Maren ins Gesicht; sie stützt sich kurz auf die Ellbogen und sieht aus dem Fenster in den Himmel hinauf.

Sauberes Blau ...

Sie bringt sich zurück in Ausgangslage.

Später zählt sie das Geld nach und steckt es in ein Sparschwein aus Porzellan. MAREN steht auf dem Schwein. Der Vater hat es ihr geschenkt, kurz bevor er die Familie verließ. Drei Schweine waren es insgesamt gewesen: eines für die Mutter, eines für sie und eines für den Vater selbst. Die

Elternschweine waren größer. Mutters Schwein hatte eine langgezogene, trompetenförmige Schnauze, das des Vaters eine stumpfe, kurze und Marens Schwein eine dünne, lange. Als der Vater seine Sachen packte, warf Marens Mutter die Elternschweine aus dem Fenster der Neubauwohnung. Sechster Stock.

Sie wohnen noch immer dort, aber nun ist es kein Privileg mehr.

Das Sparschwein stellt sie zurück ins Regal, bevor sie sich ins Bad schleicht.

»Denkst du an die Wasserrechnung?«, ruft die Mutter.

Kurz bevor es Essen gibt, wählt sie Bettis Nummer. Mehrmals hintereinander versucht sie es, aber niemand nimmt ab. Sie zieht sich an, läuft den Berg hinunter ins Zentrum der kleinen Stadt, klingelt an Bettis Tür und wartet vergeblich. Da nimmt sie den Bus ins Dorf.

Scharen von Saatkrähen bevölkern die abgeernteten Felder, der Fluss gleißt – Maren hält sich die Hand vor die Augen.

Die alte Bushaltestelle gibt es nicht mehr, und auch sonst fällt es ihr schwer, den Bogen vom Früher ins Jetzt zu schlagen. Als sie an Günthers Elternhaus vorbeikommt, sieht sie Frau Ott im Garten. Sie hat ein Kopftuch um, steht auf einer Leiter und erntet ihren Birnbaum ab. Maren verharrt einen Augenblick. Woher die Wut kommt, weiß sie nicht, aber nun ist sie da, und sie starrt auf die Frau und das Haus und den Garten. Hier hat Günther gelebt, hier wurde er von seiner Mutter bekocht, hier lag er in der Sonne und las seine Bücher. Frau Ott, will sie rufen, gestern hat mich der Günther für hundertfünfzig Euro gefickt. Da dreht sie sich um, die Mutter dieses Mannes, nickt flüchtig und pflückt weiter Birnen.

Dort, wo früher der Konsum untergebracht war, wohnt jetzt Maik mit seiner Familie, in den Räumen darüber leben noch immer die Eltern.

Bettina kommt die schmale Treppe herunter. »Was ist los?«, fragt sie und schaut dabei nicht anders als sonst. Und weil Maren nichts sagt, sondern nur komisch schaut, fasst Betti sie bei der Schulter und schiebt sie die Treppen hinauf. »Wir essen gerade, kannst mitessen«, sagt sie.

Am Nachmittag fahren Betti, Maren und Josi zurück in die Stadt. Maren holt Pascal vom Kindergarten ab. Sie gehen zum Spielplatz, essen ein Eis, und als Josi fragt, ob Betti ihr einen Drachen kauft, einen großen, bunten, da antwortet Betti, ohne lang nachzudenken: »Na klar kriegst du einen Drachen, mein Spatz. Gleich morgen!«

Oben auf dem Berg, dort wo die Neubauten stehen, fliegen tags darauf zwei nagelneue Drachen durch die Luft. Josi und Pascal haben die Leinen bis zum Anschlag abgewickelt und schauen hinauf in den weiten Himmel.

Bettina zeigt auf die Uhr; es ist schon nach sieben, sie müssen sich beeilen. Sie nimmt Josi den Drachen aus der Hand und wickelt die Leine auf. Bewegungslos steht Maren daneben. »Komm schon, Maren.«

»Mama, guck mal!« Pascal zeigt nach oben. Der Drache schlenkert wild durch die Luft. Böiger Wind zerrt an ihm, und in dem Augenblick, als Pascal der Griff aus der Hand rutscht und der Drache davonfliegt, sagt Maren: »Ich komm nicht mit.«

Betti lässt die Arme sinken und blickt Maren direkt in die Augen.

»Das geht nicht«, sagt sie tonlos. »Das hier ist kein Spiel. Wir schulden ihm Geld, meine Gute.«

»Wir werden es anders verdienen.«

Pascal weint. Er zerrt an der Hand seiner Mutter.

»Maren?«

»Ich kauf dir einen neuen, brauchst nicht zu weinen«, sagt Maren und streicht Pascal übers Haar.

»Maren?« Mit einer brennenden Zigarette zwischen den Fingern tritt Betti nah an sie heran. »Wovon willst du ihm einen neuen kaufen?« Sie schüttelt den Kopf und nimmt einen tiefen Zug. »… du kennst den Günti schlecht, wenn du denkst, er verschenkt Geld.«

»Denke ich nicht.«

»Gut.«

»Betti?«

»Hm?«

»Gib mir auch eine Zigarette.«

Sie stehen nebeneinander. Betti schaut geradeaus, Maren in den Himmel.

»Einmal noch«, sagt Maren schließlich.

Betti nickt und hakt sich bei Maren unter. Sie laufen zügig zum Auto. Bettis hohe Absätze schlagen hart auf den Asphalt.

STEPHEN CHBOSKY
Das also ist mein Leben

Lieber Freund,
es tut mir leid, dass ich länger nicht geschrieben habe, aber ich habe versucht, »teilzunehmen«, wie Bill es genannt hat. Es ist komisch, manchmal lese ich ein Buch und glaube, ich bin die Menschen in diesem Buch. Und wenn ich Briefe schreibe, dann denke ich die nächsten zwei Tage darüber nach, was ich mit den Briefen gemeint habe. Ich weiß nicht, ob das gut oder schlecht ist. Auf jeden Fall versuche ich, teilzunehmen.

Das Buch übrigens, das mir Bill mitgegeben hat, ist »Peter Pan« von James M. Barrie. Ich weiß, was du jetzt denkst: der Cartoon-Peter-Pan mit den verlorenen Jungs. Aber das Buch ist viel, viel besser als der Film. Es handelt von einem Jungen, der sich weigert, erwachsen zu werden, und als Wendy erwachsen wird, fühlt er sich von ihr verraten. Zumindest habe ich das herausgelesen. Ich glaube, Bill hat mir das Buch als eine Art Lektion oder so gegeben.

Gut daran ist, dass ich diesmal nicht so tun konnte, als ob ich in dem Buch wäre, weil alles darin so fantastisch ist.

Also konnte ich teilnehmen – und trotzdem nebenbei lesen.

Was sonst das Teilnehmen betrifft, versuche ich, mehr Schulveranstaltungen zu besuchen. Es ist zu spät, um Mitglied in einem der Clubs zu werden, aber ich bemühe mich trotzdem, zu so vielen Sachen wie möglich zu gehen. Wie zum diesjährigen Homecoming-Spiel und dem anschließenden Ball, auch wenn ich kein Date dafür hatte.

Ich glaube nicht, dass ich später selbst mal zu einem Homecoming-Spiel heimkommen werde, aber es hat Spaß gemacht, so zu tun, als ob. Ich fand Patrick und Sam auf der Tribüne an ihrem üblichen Platz und tat so, als hätte ich sie ein Jahr lang nicht gesehen, obwohl ich sie doch beim Lunch getroffen hatte, als ich meine Orange gegessen und sie ihre Zigaretten geraucht hatten.

»Patrick, bist du das? Und Sam … es ist ja so lange her. Wer gewinnt denn? Mein Gott, das College ist ja so anstrengend! Mein Professor lässt mich dieses Wochenende siebenundzwanzig Bücher lesen, und meiner Freundin muss ich noch Schilder für die Demo am Dienstag malen. Lass die Bürokraten spüren, dass wir's ernst meinen! Dad übt nur noch seinen Abschlag, und Mom hat alle Hände voll mit Tennis zu tun. Wir müssen das unbedingt wieder machen. Ich würde ja länger bleiben, aber ich muss meine Schwester von ihrem Selbstfindungskurs abholen. Sie macht wirklich Fortschritte. Toll, dass wir uns gesehen haben.«

Und dann ging ich wieder. Rüber zur Imbissbude, wo ich drei Schachteln Nachos und eine Cola Light für Sam kaufte. Als ich zurückkam, setzte ich mich wortlos hin und verteilte die Nachos und gab Sam die Cola light. Und sie lächelte. Das Großartige an Sam ist, dass sie wegen so was nicht gleich glaubt, ich wäre verrückt. Patrick glaubt das auch nicht, aber er war viel zu sehr damit beschäftigt, das Spiel zu verfolgen und Brad, den Quarterback, anzufeuern.

Während des Spiels sagte mir Sam, dass sie später noch zu einem Freund auf eine Party gehen würden. Und dann fragte sie mich, ob ich mitkommen wolle, und ich sagte Ja, weil ich noch nie auf einer Party war. Ich hatte allerdings einmal eine bei uns daheim erlebt.

Meine Eltern waren nach Ohio auf die Beerdigung oder die Hochzeit eines entfernten Cousins gefahren, den genauen Grund habe ich vergessen. Und hatten meinem Bruder die Verantwortung für das Haus übertragen. Er war damals sechzehn und nutzte die Gelegenheit für eine große Party mit Bier und allem anderen. Mir sagte er, ich solle auf meinem Zimmer bleiben, was okay war, weil die Gäste nämlich ihre Jacken bei mir ablegten, und es war toll, was ich alles darin fand. Ungefähr alle zehn Minuten kam ein betrunkenes Mädchen und ein betrunkener Junge ins Zimmer gestolpert, um nachzuschauen, ob sie dort vielleicht knutschen konnten oder so was. Dann entdeckten sie mich und gingen wieder. Das heißt, bis auf dieses eine Pärchen.

Die beiden, von denen ich später hörte, dass sie ziemlich beliebt waren, kamen in mein Zimmer gestolpert und fragten, ob es mir was ausmachte, wenn sie es kurz benutzten. Ich sagte, mein Bruder und meine Schwester hätten gesagt, ich solle hierbleiben. Sie fragten, ob sie das Zimmer trotzdem benutzen könnten, mit mir darin. Ich sagte, ich wüsste keinen Grund, der dagegen spräche, also schlossen sie die Tür und fingen an, sich zu küssen. Sehr wild sogar. Nach ein paar Minuten wanderten die Hände des Jungen unter die Bluse des Mädchens, und sie protestierte.

»Lass das, Dave.«

»Was denn?«

»Der Kleine ist doch noch da.«

»Ach, das ist schon okay.«

Und der Junge arbeitete sich die Bluse des Mädchens hoch, und nach einiger Zeit hörte sie auf zu protestieren. Dann zog er ihr die Bluse aus, und ich sah, dass sie einen weißen BH anhatte. Zu diesem Zeitpunkt wusste ich ehrlich gesagt nicht mehr, was ich machen sollte. Bald darauf zog er ihr auch den BH aus und küsste ihre Brüste. Und dann steckte er ihr die Hand in die Hose, und sie begann zu stöhnen. Ich glaube, sie waren beide sehr betrunken. Er versuchte, ihr die Hose auszuziehen, aber sie begann zu weinen, wirklich schlimm, also griff er nach seiner eigenen Hose und zog sie sich zusammen mit den Boxershorts bis zu den Knien runter.

»Bitte, Dave. Nicht.«

Aber der Junge redete weiter auf sie ein, wie gut sie aussähe und so, und schließlich griff sie nach seinem Penis und begann, ihn zu reiben. Ich wünschte, ich könnte das alles etwas schöner formulieren, ohne Wörter wie »Penis« zu verwenden, aber genau so war es eben.

Nach ein paar Minuten drückte der Junge den Kopf des Mädchens herunter, und sie begann, seinen Penis zu küssen.

Sie weinte noch immer, aber dann hörte sie auf zu weinen, weil er ihr den Penis in den Mund schob, und ich glaube nicht, dass man so noch weinen kann. Zu diesem Zeitpunkt konnte ich nicht mehr zusehen, weil mir schlecht wurde, aber es ging immer weiter, und sie machten noch andere Sachen, und das Mädchen sagte immer wieder »Nein«. Selbst als ich mir die Ohren zuhielt, konnte ich sie das noch sagen hören.

Schließlich kam meine Schwester rein, um mir eine Schale Kartoffelchips zu bringen, und als der Junge und das Mädchen sie sahen, hörten sie auf. Meiner Schwester war das alles ziemlich peinlich, aber nicht so sehr wie dem Mädchen. Der Junge sah irgendwie zufrieden aus. Er sagte nicht viel. Nachdem sich die beiden verzogen hatten, sah mich meine Schwester an.

»Wussten sie, dass du hier bist?«

»Ja. Sie haben mich gefragt, ob sie das Zimmer haben können.«

»Warum hast du ihnen denn nicht gesagt, dass sie aufhören sollen?«

»Ich wusse ja nicht, was sie machen.«

»Du Perversling«, sagte meine Schwester, ehe sie ging und die Schale Chips wieder mitnahm.

Ich erzählte Sam und Patrick die Geschichte, und beide wurden erst einmal sehr still. Dann sagte Sam, dass sie eine Weile mit Dave ausgegangen sei, vor ihrer Punkmusik-Phase, und Patrick sagte, dass er von der Party gehört hätte. Das überraschte mich nicht, denn die Party war zu so einer Art Legende geworden. Zumindest hörte ich das öfter, wenn ich erzähle, wer mein älterer Bruder ist.

Als die Polizei kam, fanden sie meinen Bruder schlafend auf dem Dach. Niemand weiß, wie er da hochgekommen war. Meine Schwester machte in der Wäschekammer mit einem Senior rum – sie war damals noch ganz neu auf der Highschool. Dann kamen etliche Eltern, um ihre Kinder abzuholen, und viele der Mädchen weinten oder übergaben sich oder beides. Die meisten Jungs waren zu dem Zeitpunkt schon abgehauen. Mein Bruder kriegte ganz schön

Schwierigkeiten, und meine Schwester musste mit meinen Eltern ein »ernstes Gespräch« über schlechten Einfluss und so was führen. Und das war's dann.

Dieser Dave ist jetzt im letzten Jahr. Er spielt auch im Footballteam, als Wide Receiver. Und gegen Ende des Spiels fing Dave einen Touchdown von Brad, und das brachte unserer Schule den Sieg. Und die Leute auf der Tribüne jubelten wie verrückt, aber alles, woran ich denken konnte, war diese Party. Schließlich sah ich Sam an und sagte:

»Er hat sie vergewaltigt, oder?«

Sie nickte nur. Ich war mir nicht sicher, ob sie einfach nur traurig war oder mehr über all das wusste als ich.

»Wir sollten es jemandem sagen.«

Aber Sam schüttelte den Kopf. Dann erklärte sie mir, was man alles durchmachen muss, um so etwas zu beweisen, besonders an der Highschool, wenn der Junge und das Mädchen beliebt sind und immer noch ein Paar.

Am nächsten Tag, beim Homecoming-Ball, sah ich die beiden miteinander tanzen: Dave und sein Mädchen. Und ich wurde sehr wütend, ja, es machte mir fast ein bisschen Angst, wie wütend ich wurde. Am liebsten wäre ich zu Dave hingegangen und hätte ihm richtig wehgetan, so, wie ich Sean hätte wehtun sollen. Und ich glaube, ich hätte es auch gemacht, hätte Sam mich nicht auf ihre sanfte Art angeschaut und mir den Arm um die Schultern gelegt. Jetzt bin ich ganz froh, dass sie mich beruhigt hat, denn wahrscheinlich wäre ich nur noch wütender geworden, wenn ich auf Dave eingeschlagen und sich dann vielleicht sein Mädchen eingemischt hätte, weil sie ja noch ein Paar sind. Ja, ich glaube, das hätte mich noch wütender gemacht.

Also beschloss ich, das Nächstbeste zu tun und Dave die Luft aus den Reifen zu lassen. Sam wusste, welches sein Auto war.

Freitagabend nach dem Footballspiel hatte ich ein Gefühl, von dem ich nicht weiß, wie ich es beschreiben soll, außer vielleicht, dass es ein warmes Gefühl war. Sam und Patrick nahmen mich in Sams Pick-up zu der Party mit, und ich saß zwischen ihnen. Sam liebt ihren Pick-up, weil er sie, glaube ich, an ihren Vater erinnert. Das Gefühl hatte ich, als Sam Patrick nach einem Radiosender suchen ließ. Zuerst kriegte er nur Werbung rein, Und noch mehr Werbung. Und einen furchtbaren Song über die Liebe, in dem das Wort »Baby« vorkam. Und noch mehr Werbung. Und dann kam dieser wirklich großartige Song über diesen Jungen, und wir wurden alle still.

Sam schlug mit der Hand den Takt auf dem Lenkrad. Patrick hielt die Hand aus dem Fenster und malte Schlangenlinien in die Luft. Und ich saß einfach nur zwischen ihnen. Und als der Song vorbei war, sagte ich etwas.

»Ich fühle mich grenzenlos«, sagte ich.

Und Sam und Patrick sahen mich an, als hätte ich gerade das Beste gesagt, was sie jemals gehört hatten. Weil der Song so großartig war und wir alle ganz genau zugehört hatten. Fünf Minuten unseres Lebens waren wirklich gelebt worden, und wir fühlten uns auf eine gute Art und Weise jung. Ich habe mir inzwischen das Album gekauft und würde Dir ja sagen, was für ein Song es war, aber ganz ehrlich, es ist nicht dasselbe, wenn man nicht gerade in einem Pick-up zu seiner ersten richtigen Party fährt und zwischen zwei sehr netten Menschen sitzt und es zu regnen beginnt.

Schließlich kamen wir an, und Patrick machte ein bestimmtes Klopfzeichen. Ich fürchte, ich kann Dir dieses Zeichen ohne Ton nicht wirklich gut beschreiben. Jedenfalls, die Tür öffnete sich einen Spalt, und ein Typ mit krausem Haar sah heraus.

»Patrick genannt Patty genannt Nichts?«

»Bob!«

Die Tür ging ganz auf, und die beiden fielen sich in die Arme. Dann umarmten sich Sam und Bob. Und dann sagte Sam:

»Das ist unser Freund Charlie.«

Und Du wirst es nicht glauben, Bob umarmte auch mich! Als wir kurz darauf unsere Jacken ablegten, sagte Sam, Bob sei »mal wieder scheißbreit«. (Das musste ich jetzt einfach zitieren, auch wenn ein Schimpfwort dabei ist.)

Die Party fand im Keller statt. Die Luft war verraucht, und die Leute dort waren alle deutlich älter als ich. Zwei der Mädchen stellten ihre Tattoos und Bauchnabelpiercings zur Schau. Seniors, glaube ich.

Ein Typ namens Fritz Irgendwie aß reihenweise Twinkies. Seine Freundin wollte sich mit ihm über Frauenrechte unterhalten, und er murmelte in einer Tour: »Weiß ich, Baby, weiß ich.«

Sam und Patrick steckten sich Zigaretten an. Bob ging wieder hoch, weil es erneut an der Tür klingelte. Als er zurückkam, brachte er eine Dose Bier für jeden und zwei weitere Gäste mit: Maggie, die dringend aufs Klo musste, und Brad, der Quarterback des Footballteams. Im Ernst!

Ich weiß auch nicht, warum ich das so aufregend fand, aber ich glaube, wenn man jemand bloß von Weitem, vom

Spielfeld, kennt, ist es schön, einmal zu sehen, dass er ein echter Mensch ist.

Alle waren nett zu mir und stellten mir viele Fragen. Wahrscheinlich, weil ich der Jüngste war und sie nicht wollten, dass ich mir fehl am Platz vorkam, vor allem, nachdem ich gesagt hatte, dass ich kein Bier trinke. Ich habe mal mit meinem Bruder ein Bier getrunken, als ich zwölf war, und es schmeckt mir einfach nicht. Ehrlich, das ist alles.

Einige wollten wissen, in welcher Jahrgangsstufe ich sei und was ich später mal machen wolle.

»Ich bin in der Neunten, und ich weiß es noch nicht.«

Ich blickte mich um und stellte fest, dass Sam und Patrick mit Brad verschwunden waren. Da reichte Bob etwas zu essen rum.

»Magst du 'nen Brownie?«

»Ja, danke.«

Tatsächlich hatte ich sogar ziemlich Hunger, weil mich Sam und Patrick sonst nach den Footballspielen immer ins Big Boy mitnahmen und ich mich wohl mittlerweile daran gewöhnt hatte. Ich aß also den Brownie, und er schmeckte schon ein wenig komisch, aber es war immer noch ein Brownie, also schmeckte er mir trotzdem. Es war aber kein normaler Brownie. Du bist älter als ich, also weißt Du vermutlich, was für ein Brownie es war.

Nach etwa einer halben Stunde begann das Zimmer wegzurutschen. Ich unterhielt mich gerade mit einem der Mädchen mit Bauchnabelpiercing, und sie kam mir dabei vor wie in einem Film. Ich blinzelte ständig und sah mich immer wieder um, und die Musik war so schwer wie Wasser.

Irgendwann kam Sam wieder runter, und als sie mich sah, fuhr sie Bob an.

»Was zum Teufel soll das?«

»Komm schon, Sam. Es gefällt ihm. Frag ihn doch.«

»Wie fühlst du dich, Charlie?«

»Ganz leicht.«

»Siehst du?« Um ehrlich zu sein, sah Bob ein wenig nervös aus. Später sagte man mir, dass das die »Paranoia« war.

Sam setzte sich neben mich und griff nach meiner Hand, was ganz schön cool war.

»Siehst du irgendwas, Charlie?«

»Licht.«

»Fühlt es sich gut an?«

»Ja.«

»Hast du Durst?«

»Ja.«

»Was willst du trinken?«

»Einen Milkshake.«

Und alle im Raum außer Sam brachen in Gelächter aus.

»Er ist stoned.«

»Hast du Hunger, Charlie?«

»Ja.«

»Was willst du essen?«

»Einen Milkshake.«

Ich glaube nicht, dass sie lauter gelacht hätten, wenn ich etwas wirklich Lustiges gesagt hätte. Da stand Sam auf und zog mich hoch.

»Los, komm. Wir besorgen dir einen Milkshake.«

Und als wir über den schwankenden Boden gingen, sagte

sie zu Bob: »Ich finde immer noch, dass du ein Arschloch bist.«

Aber Bob lachte nur. Und irgendwann lachte auch Sam.

Und ich freute mich, dass alle so gut gelaunt waren. Wir gingen in die Küche, und Sam machte das Licht an. Wow! Es war so hell, dass ich es kaum fassen konnte. Es war, wie wenn man tagsüber ins Kino geht, und wenn man wieder rauskommt, kann man gar nicht glauben, dass es immer noch hell ist. Sam holte Eiscreme und Milch aus dem Kühlschrank und griff nach einem Mixer. Ich fragte sie, wo das Bad ist, und sie deutete um die Ecke, fast als ob sie hier zu Hause wäre. Ich glaube, sie und Patrick haben viel Zeit hier verbracht, als Bob noch auf der Highschool war.

Als ich aus dem Bad kam, hörte ich ein Geräusch aus dem Zimmer, in dem wir unsere Jacken abgelegt hatten. Ich öffnete die Tür und sah Patrick, wie er gerade Brad küsste. Es war ein ziemlich verstohlener Kuss. In diesem Moment hörten sie mich und fuhren herum. Patrick sagte als Erster etwas.

»Bist du das, Charlie?«

»Sam macht mir einen Milkshake.«

»Wer ist der Kleine?« Brad sah ziemlich nervös aus, aber nicht auf die Art wie vorher Bob.

»Das ist ein Freund von mir. Entspann dich.«

Dann schob mich Patrick aus dem Zimmer und schloss die Tür hinter sich. Er legte mir die Hände auf die Schultern und sah mir direkt in die Augen.

»Brad will nicht, dass irgendwer davon erfährt.«

»Warum?«

»Weil er Angst hat.«

»Warum?«

»Weil er ... Moment mal, bist du etwa stoned?«

»Die da unten meinen Ja. Sam macht mir einen Milkshake.«

Patrick bemühte sich sichtlich, nicht zu lachen.

»Hör zu, Charlie. Brad will nicht, dass irgendwer davon erfährt. Du musst mir versprechen, dass du es niemandem erzählst. Das bleibt unser kleines Geheimnis. Okay?«

»Okay.«

»Danke.«

Damit ließ mich Patrick stehen und ging zurück ins Zimmer. Ich hörte gedämpfte Stimmen – Brad schien sich aufzuregen –, aber ich fand nicht, dass mich das etwas anging, also ging ich zurück in die Küche.

Ich muss sagen, es war der beste Milkshake, den ich je in meinem Leben getrunken habe. Er war so gut, dass es mir fast Angst machte.

Bevor wir heimfuhren, spielte mir Sam noch einige ihrer Lieblingssongs vor. Einer hieß »Blackbird«, ein anderer »MLK«. Sie waren beide wirklich gut. Ich erwähne die Titel, weil sie mir auch noch gefallen haben, als ich nicht mehr »stoned« war.

Noch etwas Interessantes ist auf der Party passiert, bevor wir gingen. Patrick kam nach unten. Ich glaube, Brad war da schon weg. Und Patrick lächelte. Und Bob zog ihn auf, dass er in den Quarterback verknallt sei und so was. Und Patrick lächelte noch mehr. Ich hatte ihn nie so lächeln sehen. Dann zeigte er auf mich und sagte zu Bob:

»Er ist schon einer, was?«

Bob nickte. Und dann sagte Patrick etwas, das ich nie wieder vergessen werde.

»Er ist unser Mauerblümchen.«

Und Bob nickte. Und der ganze Raum nickte. Und ich begann, nervös zu werden, und zwar so wie Bob vorher, aber Patrick ließ mich nicht allzu nervös werden. Er setzte sich neben mich.

»Du kriegst alles mit. Du behältst es für dich. Und du verstehst.«

Ich hatte keine Ahnung gehabt, dass andere Menschen sich Gedanken über mich machten. Ich hatte nicht mal gewusst, dass sie mich überhaupt bemerkten. Ich saß auf meiner ersten echten Party zwischen Sam und Patrick auf dem Boden und dachte daran, dass Sam mich Bob als einen Freund vorgestellt hatte. Und Patrick mich Brad als einen Freund vorgestellt hatte. Und da musste ich weinen. Und niemand im Raum sah mich deswegen komisch an.

Und da musste ich erst recht weinen.

Bob hob sein Glas und forderte alle auf, es ihm gleichzutun.

»Auf Charlie.«

Und alle riefen: »Auf Charlie.«

Ich habe keine Ahnung, warum sie das gemacht haben, aber es bedeutete mir sehr viel. Besonders bei Sam. Besonders bei ihr.

Ich würde Dir ja mehr über den Homecoming-Ball am nächsten Abend erzählen, aber wenn ich so darüber nachdenke, war der beste Teil eigentlich der, als ich Dave die

Luft aus den Reifen gelassen habe. Ich habe zu tanzen versucht, wie Bill es vorgeschlagen hat, doch auf die Songs, die ich mag, kann man eigentlich nicht tanzen, also ließ ich es die meiste Zeit. Sam sah in ihrem Kleid wirklich hübsch aus, aber ich gab mir Mühe, nicht zu oft hinzusehen, denn ich will ja nicht auf die Art an sie denken.

Was mir allerdings auffiel, war, dass Brad und Patrick den ganzen Abend kein Wort miteinander wechselten, weil Brad nämlich damit beschäftigt war, mit einer Cheerleaderin namens Nancy zu tanzen, die seine Freundin ist. Und mir fiel auf, dass meine Schwester mit dem Jungen tanzte, den sie eigentlich nicht mehr hätte treffen sollen, und das, obwohl sie ein anderer Junge von daheim abgeholt hatte.

Nach dem Ball sind wir mit Sams Pick-up nach Hause gefahren. Diesmal saß Patrick am Steuer. Als wir uns dem Fort-Pitt-Tunnel näherten, bat Sam Patrick, am Straßenrand anzuhalten. Ich hatte keine Ahnung, was vor sich ging. Dann kletterte Sam in nichts als ihrem Ballkleid auf die Ladefläche des Pick-up und sagte Patrick, er solle weiterfahren, und Patrick grinste nur. Offenbar hatten sie das schon öfter gemacht.

Jedenfalls trat Patrick aufs Gas, und kurz bevor wir in den Tunnel fuhren, stand Sam auf, und der Wind verwandelte ihr Kleid in Meereswellen. Dann, als wir in den Tunnel rasten, wurden alle Fahrgeräusche verschluckt, und an ihre Stelle trat ein Song mit dem Titel *Landslide*. Schließlich fuhren wir wieder aus dem Tunnel raus, und Sam stieß einen Freudenschrei aus und da waren wir dann: Downtown. Lichter auf den Hochhäusern und alles, was einen staunen lässt. Sam setzte sich wieder hin und fing an zu lachen. Patrick fing an zu lachen. Ich fing an zu lachen.

Und ich schwöre, in diesem Moment waren wir grenzenlos.

Alles Liebe,
   Charlie

ZADIE SMITH

Swing Time

Wenn man sämtliche Samstage des Jahres 1982 als einen denkt, dann traf ich Tracey an diesem Samstag, morgens um zehn, als wir durch den sandigen Kies des Kirchhofs stapften, jede an der Hand ihrer Mutter. Es waren noch viele andere kleine Mädchen dort, aber aus naheliegenden Gründen, den Ähnlichkeiten wie den Unterschieden, nahmen wir Notiz voneinander, wie das bei Mädchen so ist. Wir hatten beide den identischen Braunton, als hätte man ein Stück hellbraunen Stoff durchgeschnitten, um uns beide daraus zu machen, unsere Sommersprossen sammelten sich an den gleichen Stellen, wir waren gleich groß. Doch mein Gesicht war grüblerisch und melancholisch, mit einer langen, ernsthaften Nase und Augenwinkeln, die wie die Mundwinkel nach unten zeigten. Tracey hatte ein vorwitziges, rundes Gesicht, sie sah aus wie eine dunklere Shirley Temple, nur ihre Nase war genauso problematisch wie meine, das sah ich sofort, eine lächerliche Nase – sie wies direkt nach oben, wie bei einem kleinen Schweinchen. Süß, aber auch obszön: Die Nasenlöcher wurden ständig zur Schau gestellt. Nasentechnisch konnte man also von Gleichstand sprechen. Haartechnisch gewann sie haushoch. Ihre Korkenzieherlocken reichten bis zum Po und waren zu zwei langen, von irgendeinem Öl glänzenden Zöpfen geflochten und unten mit gelben Satinschleifchen zusammengebunden. Gelbe Satinschleifchen waren meiner Mutter völlig fremd. Sie nahm meine dicke Krause hinten zu einer großen Wolke zusammen und band sie mit einem schwarzen Haargummi fest. Meine Mutter war Feministin. Sie trug einen raspelkurzen Afro, besaß einen wohlgeformten Schädel, war immer ungeschminkt und kleidete sich und mich so schlicht wie möglich. Wenn man aussieht wie Nofretete, spielen Haare keine große Rolle. Sie brauchte weder Make-up noch Kosmetik, weder Schmuck noch teure Kleider, und so fügten sich ihre finanziellen Verhältnisse, ihre politischen und ihre ästhetischen Ansichten zu einem perfekten – und günstigen – Ganzen. Accessoires schränkten ihren Stil nur ein, das galt auch – zumindest empfand ich das damals so – für die Siebenjährige mit dem Pferdegesicht an ihrer Hand. Bei Tracey diagnostizierte ich das umgekehrte Problem: Ihre Mutter war weiß, übergewichtig, aknegeplagt. Sie trug das dünne blonde Haar in einem übertrieben straffen Pferdeschwanz, den meine Mutter garantiert als »Kilburn-Lifting« bezeichnet hätte. Doch in Traceys ganz persönlichem Glanz lag die Lösung: Sie war das auffälligste Accessoire ihrer Mutter. Der Familien-Look der beiden entsprach zwar nicht dem Geschmack meiner Mutter, fesselte mich aber: Markenlogos, dünne Armreifen und Kreolen, überall Pailletten, teure Turnschuhe von der Sorte, die meine Mutter sich weigerte, als Lebensrealität anzuerkennen: »Das sind doch keine Schuhe.« Allem Anschein zum Trotz nahmen sich unsere Familien allerdings nicht viel. Wir wohnten beide in Sozialwohnungen, bezogen beide keine Leistungen (für meine

Mutter eine Frage des Stolzes, für Traceys Mutter ein Skandal: Sie hatte mehrfach – und vergeblich – versucht, »auf Behindertenrente zu kommen«). Aus Sicht meiner Mutter gaben gerade die äußerlichen Ähnlichkeiten der Stilfrage so viel Gewicht. Sie kleidete sich für eine Zukunft, die noch nicht eingetreten war, mit der sie aber fest rechnete. Dazu dienten die schlichte weiße Leinenhose, das blau-weiß geringelte »französische« T-Shirt, die ausgefransten Espadrilles, ihr strenger und schöner afrikanischer Kopf – alles so schlicht, so zurückgenommen, so ganz gegen den Zeitgeist und die Umgebung. Eines Tages würden wir »hier rauskommen«, sie würde ihr Studium beenden, zum wahren radikalen Schick finden, vielleicht sogar in einem Atemzug mit Angela Davis und Gloria Steinem genannt werden … Die Schuhe mit den Flachssohlen waren Teil dieser waghalsigen Vision, verwiesen ganz dezent auf Höheres. Ich war nur insofern ein Accessoire, als ich durch meine ureigene Schlichtheit die bewundernswerte mütterliche Zurückhaltung unterstrich, denn es galt als Zeichen schlechten Geschmacks – zumindest in den Kreisen, nach denen meine Mutter strebte –, die eigene Tochter wie eine kleine Hure anzuziehen. Tracey aber war ganz ungeniert Ehrgeiz und Ebenbild ihrer Mutter, deren einzige Freude, mit diesen betörenden gelben Schleifchen, einem raschelnden Rock voller Rüschen und einem kurzen Oberteil, das ein paar Zentimeter nussbraunen Kinderbauch freilegte, und während wir uns in dem Knäuel aus Müttern und Töchtern, die alle das Nadelöhr der Kirchentür passieren wollten, dicht an die beiden drängten, beobachtete ich interessiert, wie Traceys Mutter ihre Tochter vor sich – und uns – schob, sich selbst dabei als Schranke einsetzte und uns mit wabernden Oberarmen zurückdrängte, bis sie es schließlich, die Miene voller Stolz und Sorge, in Miss Isabels Ballettstunde geschafft hatte, bereit, ihre kostbare Fracht vorübergehend in fremde Hände zu geben. Im Gegensatz dazu legte meine Mutter eine müde, halb ironische Unterwürfigkeit an den Tag, sie fand die Ballettstunden albern, hatte Besseres zu tun, und nach ein paar weiteren Samstagen – die sie hingelümmelt auf einem Plastikstuhl an der linken Wand verbracht hatte, kaum fähig, ihre Geringschätzung für den ganzen Vorgang zu verbergen – gab es eine Änderung, und mein Vater übernahm. Ich wartete darauf, dass auch Traceys Vater übernehmen würde, aber das blieb aus. Stattdessen stellte sich heraus, was meine Mutter von Anfang an vermutet hatte, dass es Traceys Vater nämlich gar nicht gab, zumindest nicht im herkömmlichen Ehepartnersinn. Auch das war ein Zeichen schlechten Geschmacks.

[...] Fast alle hatten Schläppchen aus rosa Satin, nicht aus hellrosa Schweinchenleder wie ich, und ein paar Mädchen, von denen ich wusste, dass sie Sozialleistungen bekamen oder keinen Vater hatten oder beides, hatten Schuhe mit langen Satinbändern, über Kreuz um die Knöchel geschlungen. Tracey, die neben mir stand, den linken Fuß in der Hand ihrer Mutter, hatte sogar beides, tiefrosa Satin und überkreuzte Bänder und außerdem ein komplettes Tutu, was sonst niemand auch nur in Erwägung gezogen hatte, weil man ja auch nicht im Taucheranzug zur ersten Schwimmstunde ging. Miss Isabel ihrerseits war reizend und freundlich, aber alt, womöglich schon fünfundvierzig.

Eine Enttäuschung. Mit ihrer kompakten Figur sah sie eher nach Bauersfrau aus als nach Ballerina, und sie war von Kopf bis Fuß rosa, gelb, rosa, gelb. Ihre Haare waren gelb – nicht blond, sondern gelb wie ein Kanarienvogel. Die Haut war rosa, rosa und wund, wenn ich jetzt darüber nachdenke, litt sie wahrscheinlich unter Rosazea. Ihr Trikot war rosa, die Jogginghose rosa, die Ballettjacke aus rosa Mohair – doch ihre Schläppchen waren seidig gelb, vom gleichen Farbton wie ihre Haare. Auch das verbitterte mich. Von Gelb war nie die Rede gewesen! In der Ecke neben ihr saß ein steinalter Weißer mit einem Filzhut auf dem Kopf am Klavier und spielte »Night and Day«, ein Lied, das ich liebte und voller Stolz erkannte. Die alten Lieder lernte ich von meinem Vater, dessen Vater wiederum ein eifriger Pub-Sänger gewesen war, einer dieser Männer, deren Kleinkriminalität sich zumindest teilweise auf ein nicht genutztes kreatives Potenzial zurückführen ließ – das glaubte zumindest mein Vater. Der Pianist hieß Mr Booth. Während er spielte, summte ich laut mit, in der Hoffnung, dass man mich hörte, und legte viel Vibrato in mein Summen. Ich konnte besser singen als tanzen – tanzen konnte ich eigentlich überhaupt nicht –, war aber etwas zu stolz auf diese Fähigkeit und wusste, dass meine Mutter das unausstehlich fand. Beim Singen war ich ein Naturtalent, aber weibliche Naturtalente beeindruckten meine Mutter kein bisschen. Da hätte man aus ihrer Sicht auch stolz darauf sein können, zu atmen, zu laufen oder Kinder zu gebären.

Unsere Mütter dienten uns als Stützen, als Fußhalter. Wir legten ihnen eine Hand auf die Schulter, stellten ihnen einen Fuß aufs gebeugte Knie. Mein Körper befand sich also gegenwärtig in den Händen meiner Mutter, wurde hochgezogen und niedergedrückt, festgezurrt und aufgerichtet, glatt gestrichen – doch meine Gedanken waren bei Tracey und bei den Sohlen ihrer Ballettschläppchen, auf denen ich jetzt ganz deutlich den ins Leder geprägten Schriftzug ›Freed‹ lesen konnte. Ihre Füße mit dem von Natur aus hohen Spann wölbten sich wie zwei Kolibris im Flug. Meine Füße waren platt und quadratisch, sie ackerten sich förmlich durch die Positionen. Ich kam mir vor wie ein Kleinkind, das seine Bauklötze in lauter rechten Winkeln zueinander legt. Flattern, flattern, flattern, sagte Miss Isabel, ja, sehr schön, Tracey. Lob veranlasste Tracey, den Kopf zurückzuwerfen und die kleine Schweinchennase zu blähen. Davon abgesehen war sie aber vollkommen, und ich war hingerissen. Ihre Mutter wirkte ebenso vernarrt, und ihr Engagement für die Ballettstunden erwies sich als einzig verlässlicher Bestandteil ihrer »mütterlichen Kompetenz«, wie wir das heute wohl nennen würden. Sie kam viel öfter zu den Stunden als jede andere Mutter und wandte währenddessen keinen Blick von den Füßen ihrer Tochter. Die Aufmerksamkeit meiner Mutter war immer anderswo. Sie konnte nicht einfach dasitzen und Zeit verstreichen lassen, sie musste immer irgendetwas lernen.

Manchmal hatte sie zu Beginn der Stunde beispielsweise *Die schwarzen Jakobiner* dabei, und wenn ich danach zu ihr kam und sie bat, mir die Ballettschläppchen aus- und die Steppschuhe anzuziehen, hatte sie bereits hundert Seiten gelesen. Als später mein Vater übernahm, machte er entweder ein Nickerchen oder einen »Spaziergang«, der elterliche Euphemismus für eine Zigarette draußen vor der Kirche.

Zu diesem frühen Zeitpunkt waren Tracey und ich weder befreundet noch verfeindet, kannten uns nicht einmal näher: Wir sprachen kaum ein Wort miteinander. Trotzdem war da immer ein gegenseitiges Wahrnehmen, ein unsichtbares Band zwischen uns, das uns zusammenhielt und daran hinderte, engere Beziehungen zu anderen zu knüpfen. Streng genommen redete ich viel mehr mit Lily Bingham, mit der ich zur Schule ging, und Traceys Ausweichlösung war die arme Danika Babič mit der kaputten Strumpfhose und dem schweren Akzent, die auf Traceys Etage wohnte. Doch obwohl wir während der Stunde mit diesen beiden weißen Mädchen kicherten und herumalberten, die mit Fug und Recht davon ausgehen konnten, dass wir ganz auf sie konzentriert waren und es uns nur um sie ging – dass wir ihnen tatsächlich die guten Freundinnen waren, als die wir uns ausgaben –, stellten Tracey und ich uns jedes Mal, wenn Pause war und es Saft und Kekse gab, nebeneinander in die Schlange, es war ein fast unbewusster Ablauf, zwei Eisenspäne, die vom selben Magneten angezogen wurden.

Tracey, stellte sich heraus, war ebenso neugierig auf meine Familie wie ich auf ihre und behauptete mit einiger Überzeugung, bei uns sei es »falsch rum«. Ich hörte mir ihre Theorie eines Tages in der Pause an, während ich beklommen meinen Keks in den Orangensaft tunkte. »Bei allen anderen ist es der Vater«, erklärte sie, und ich konnte nichts darauf erwidern, weil ich wusste, dass das im Großen und Ganzen stimmte. »Wenn der Vater weiß ist, dann heißt das ...«, fuhr Tracey fort, doch in dem Moment kam

Lily Bingham und stellte sich neben uns, und ich sollte nie erfahren, was es hieß, wenn der Vater weiß war. Lily war schlaksig und einen halben Kopf größer als alle anderen. Sie hatte lange, völlig glatte blonde Haare, rote Wangen und ein fröhliches, offenes Wesen, das sowohl Tracey als auch ich direkt auf die Exeter Road 29 zurückführten, ein Einfamilienhaus, in dem ich vor Kurzem zu Besuch gewesen war. Hinterher hatte ich Tracey, die es nicht von innen kannte, aufgeregt von dem Garten berichtet, dem riesigen Marmeladenglas voller »Notgroschen« und der Swatch-Uhr von der Größe eines ausgewachsenen Mannes, die in Lilys Zimmer an der Wand hing. Folglich gab es Dinge, über die man vor Lily Bingham nicht reden konnte, und deshalb klappte Tracey jetzt den Mund zu, reckte die Nase in die Luft und ging zu ihrer Mutter, um sich ihre Ballettschläppchen anziehen zu lassen.

BENEDICT WELLS
Das Grundschulheim

Keiner von uns war freiwillig hier. Keiner von uns verstand, dass er nicht freiwillig hier war. Wir waren sechs Jahre alt, als wir ins Heim kamen, zu jung, um solche Fragen zu stellen.

Wir hätten auf den ersten Blick nicht unterschiedlicher sein können. Manche waren hier gelandet, weil es zu Hause finanzielle und gesundheitliche Probleme gab und die alleinerziehenden Mütter oder Väter überfordert waren. Einer kam aus der »ehemaligen DDR«, was immer das bedeutete, ein anderer war dunkelhäutig und mit seiner Familie vor irgendeinem Krieg geflohen. Da wir als Kinder nichts davon begriffen, weder den Krieg noch die »ehemalige DDR« noch die Probleme zu Hause, spielte das alles keine Rolle für uns. Wir schliefen zu sechst in einem Zimmer, für Fremdheit gab es ohnehin keinen Platz.

Mein Bett war in der Ecke, gleich neben dem Gemeinschaftsschrank. Poster aus *Stafette* und *Bravo Sport* an der Wand, Zeichenblock und Comics auf dem Nachttisch. Jeden Morgen um halb sieben wurden wir geweckt. Gemeinsames Zähneputzen im Duschraum. Erstes Gelächter und laute Stimmen, durchdrungen von Vorfreude auf den Schultag. Es war ein staatliches Internat, liebevoll, aber ärmlich, beim Frühstück gab es nur jeden zweiten Tag Salami und Käse, an den anderen Tagen Butter und Marmelade. Wie früher bei den *Lustigen Taschenbüchern*, bei denen auf zwei farbige Seiten immer zwei schwarzweiße folgten. Es machte uns nichts aus. Ein Kind sieht nicht den bröckelnden Putz an den Wänden, sondern den Automaten daneben, an dem man für siebzig Pfennig Kakaotüten ziehen kann.

Wir sechs Jungen aus unserem Jahrgang wurden schnell eine verschworene Gemeinschaft. Jeder hatte seine Rolle. Der eine unterhielt nachts mit Geschichten oder hatte sich in Schlägereien bewährt. Der andere bekam Pakete von zu Hause mit Süßigkeiten, die er großzügig verteilte, und konnte bei Hausaufgaben helfen. Der dritte dachte sich Spiele und Streiche aus und war ein guter Tröster. Es interessierte keinen, woher man kam oder wer man war, nur was man tat und was man konnte. Nach dem Mittagessen spielten wir im Wald Szenen aus Filmen und Büchern nach oder schossen auf dem Sportplatz Tore für unsere Lieblingsmannschaften, ehe wir zur »Lernzeit« ins Heim zurückmussten. Nach den streng überwachten Hausaufgaben gab es Abendessen, gegen acht ging es dann ins Bett.

Wenn die Nacht sich über das Internatsgelände senkte, wurde uns die Landschaft manchmal unheimlich. Dann blickten wir vom Fenster auf den Wald, der in der Dunkelheit verborgen lag, und fühlten uns beklommen und einsam. Das Heimweh verschwand wieder, wenn ein aufmunternder Brief der Mutter eintraf, dass es ihr etwas besser gehe, oder ein liebevolles Päckchen des Vaters, mit einem neuen Schlafanzug, Spielsachen und einer Karte, die man mehrmals las.

Mit sieben bekamen wir dann eine neue Erzieherin, die wir sehr mochten. Nach einer Weile fragte sie schüchtern, ob jemand vor dem Schlafengehen ein »Gutenachtbussi« wolle. Alle rissen die Arme hoch. Die Erzieherin ging reihum durchs Zimmer, von einem Bett zum nächsten. Verstohlen wartete jeder von uns darauf, dass sie endlich kam, und wenn sie einen dann auf die Stirn küsste, schaute man mit einem verlegenen Grinsen weg. Es wurde fortan unser festes Ritual, unser »Gute Nacht, ihr Prinzen von Maine, ihr Könige von Neuengland«.

Wenn die Erzieherin das Licht gelöscht hatte, wandelte sich das Internat, und auch wir verwandelten uns. Manche Jungen, die den ganzen Tag laut und selbstsicher aufgetreten waren, wirkten plötzlich verletzlich. Andere, stillere, hörte man erst jetzt reden und nahm sie ganz anders wahr. Die Nacht gehörte uns. Es war die Zeit, in der wir Kassetten zum Einschlafen hörten und miteinander redeten. In der wir uns Geschichten ausdachten und Witze erzählten und manchmal so laut dabei lachten, dass es uns fast zerriss. In der die anderen schließlich einschliefen und ich meistens noch wach lag, ein Buch nahm und mich damit auf der Toilette einschloss, bis ich endlich müde genug war. In der manchmal einer von uns weinte, ein anderer ihn tröstete, und die restlichen Kinder so taten, als schliefen sie.

Hin und wieder bekamen wir neue Mitschüler, die ein besonders schweres Schicksal zu tragen hatten, über das jedoch fast immer geschwiegen wurde. Heute kann ich wie ein mittelmäßiger Detektiv die Hinweise deuten; die blauen Flecken des einen, die nie schreibenden Eltern des anderen, die unfassbare Armut des dritten. Damals konnte ich es nicht. Wenn wir von zu Hause erzählten, waren es immer phantastische Lügen. Jeder von uns hatte einen Vater, der Millionär war, wohnte in einer Villa mit Pool, reiste in den Ferien durch die Welt; war also offenbar nur rein zufällig hier. Den einen Jungen von uns, der mit dem Mitarbeiter des Jugendamts zweimal im Jahr Spielsachen kaufen durfte, weil er schlicht gar nichts hatte, beneideten wir um diese zwei Tage, statt darüber nachzudenken, was das bedeutete und dass wir offenbar besser dran waren.

Wir liebten den Herbst und den Winter, wenn wir am Sankt-Martins-Tag mit selbstgebastelten Laternen einen Umzug machten und danach ein Eis bekamen. Wenn wir mit den schartigen Schlitten Wettrennen fuhren, den Hügel hinab. Wenn wir am »stillen Mittwoch« heiße Milch mit Honig tranken und in Decken gehüllt der Erzieherin zuhörten, die uns aus Otfried Preußlers *Krabat* und Astrid Lindgrens *Mio, mein Mio* vorlas; und deren auf sich allein gestellten Helden wir uns unausgesprochen nah fühlten.

Wir liebten den Frühling und den Sommer, wenn wir am Lagerfeuer saßen und uns Gruselgeschichten ausdachten, die nie gruselig waren. Wenn wir im nahe gelegenen See badeten und unsere Erzieherin *What Shall We Do With The Drunken Sailor* auf der Gitarre spielte. Obwohl wir vom Text kein Wort verstanden, sangen wir immer laut mit.

Wir kamen in die dritte Klasse und begannen, uns für die Mädchen zu interessieren, die in einem anderen Gebäudetrakt wohnten. Auch sie hatten ihre Geschichten, die wir jedoch noch nicht kannten, was sie umso spannender machte. Es gab erste Küsse, die schnell großes Gesprächsthema waren, und Liebesbriefe, auf denen man »Ja«, »Nein« und »Vielleicht« ankreuzen konnte. Ich kreuzte fast immer »Vielleicht« an. Das Heim ging in eine Hauptschule über, daher waren die ältesten Schüler auf dem Gelände die Neuntklässler, die hier ihren »Quali« machten. Sie wirkten auf uns so erwachsen und reif, und wenn sie von ihren zukünftigen, meist handwerklichen Berufen sprachen, bewunderten wir sie sehr.

Wir waren oft grausam zueinander. Wir kannten die Schwächen des anderen, die geheimen verwundbaren Stellen, und manchmal überkam es uns, und wir schlugen zu. Das Grundschulheim war ein Ort ohne Eltern, es gab deshalb bestimmte Regeln, und es war wichtig, sich zu wehren. Nie in meinem Leben habe ich mich öfter geprügelt, mich besinnungsloser auf jemanden gestürzt und ihn zu Boden gerissen. Wir brachten einander zum Weinen, reizten uns bis zur äußersten Wut und vertrugen uns schon Stunden später wieder. Wir konnten so weit gehen, weil wir wussten, dass wir einander nie ganz verlieren würden. Wie Geschwister. Die Älteren kümmerten sich um die Jüngeren, und wir ließen nie jemanden zurück.

Wir waren anders als die Kinder, die bei ihren Eltern wohnten und mit denen wir tagsüber zur Schule gingen. Manchmal freundeten wir uns mit ihnen an, aber nie zu sehr. Weil wir sie nicht verstanden und sie uns nicht. Weil die anderen Kinder seit Jahren nach der Schule zu ihren Familien zurückgingen und wir auf unser Gemeinschaftszimmer.

Am schönsten waren die Wochenenden. Die, an denen

man endlich nach Hause durfte und dort verwöhnt wurde. Und an deren Ende man dann doch jedes Mal wieder ins Internat zurückmusste und auf der Fahrt bedrückt durch das Fenster sah, wie die Landschaft in der Dunkelheit verschwand. Und die, an denen man mit den anderen Kindern im Heim blieb, an denen es abends einen Disney-Film gab und zum Mittagessen oft Pommes mit Chicken McNuggets. Zwar nur Internats-ChickenMc-Nuggets, aber immerhin. Zu besonderen Anlässen machten wir Ausflüge zum Weihnachtsmarkt, auf ein Volksfest oder ins Kino, und dann waren auch die Mädchen dabei, was uns jedes Mal in Aufruhr versetzte. In Wahrheit war uns das Heim längst ein Zuhause geworden. Wir haben es im Stillen geliebt, und ich glaube, damals hatten wir alle das Gefühl, es würde ewig so weitergehen.

Als wir die vierte Klasse beendeten, trennten sich unsere Wege. Es kam ganz plötzlich, wir hatten vorher nie wirklich darüber nachgedacht. Manche kamen aufs Gymnasium, andere wieder in ein Internat, manche wechselten auf die Real- oder die Hauptschule; wir landeten alle an verschiedenen Orten, weit voneinander entfernt. Wir hatten uns vier Jahre lang beinahe jeden Tag gesehen, jede Nacht, wir kannten einander besser als jeden sonst und hatten uns geschworen, für immer Freunde zu bleiben. Doch wir sahen uns nie wieder.

Wir waren zu jung, um unsere Freundschaften halten zu können. Und doch denke ich noch oft an die anderen. Ich denke an ihre Geschichten und Eigenheiten, an ihre Gesichter und ihren Platz im Schlafsaal. An unsere nächtlichen Unterhaltungen, wenn das Heim nur uns zu gehören schien. Und wie wir in solchen Momenten das Gefühl gehabt hatten, glücklich zu sein.

KAZUO ISHIGURO

Klara und die Sonne

Zwei Tage nachdem die Cootings-Maschine weg war, kam das Mädchen mit den kurzen stacheligen Haaren in den Laden. Ich schätzte es auf zwölfeinhalb. An diesem Morgen war es wie eine Läuferin angezogen, es trug ein hellgrünes Tanktop, das seine strichdünnen Arme bis hinauf zu den Schultern freigab. Das Mädchen kam mit seinem Vater herein, der einen informellen Büroanzug trug, ziemlich ranghoch, und beide sahen sich erst nur um und sagten wenig. Ich merkte sofort, dass das Mädchen an mir interessiert war, obwohl es nur einen raschen Blick in meine Richtung warf, ehe es in den vorderen Teil des Ladens zurückkehrte. Nach einer Minute aber kam es noch einmal und tat, als konzentrierte es sich auf die Armreifen in der Fahrbaren Glasvitrine direkt vor mir. Es sah sich verstohlen um, vergewisserte sich, dass weder sein Vater noch Managerin hersahen, und stemmte sich versuchsweise gegen die Vitrine, die sich daraufhin einige Zentimeter auf ihren Laufrollen vorwärtsbewegte. Dabei sah es mich mit einem kleinen Lächeln an, als wäre die Verschiebung der Vitrine unser Geheimnis. Das Mädchen zog sie gleich wieder an ihren ursprünglichen Standort zurück, grinste mich an und rief: »Daddy?« Als der Vater nicht reagierte – er war von den beiden auf dem Glastisch im hinteren Teil des

Ladens sitzenden KFS in Anspruch genommen –, warf mir das Mädchen einen letzten Blick zu und ging zu ihm. Sie begannen flüsternd ein Gespräch, bei dem sie immer wieder zu mir hersahen, sodass kein Zweifel bestehen konnte, dass sie über mich redeten. Managerin, die es mitbekam, stand von ihrem Schreibtisch auf und stellte sich zu mir, die Hände ineinandergelegt.

Nach vielem weiterem Geflüster kam das Mädchen zurück, ging an Managerin vorbei und stellte sich direkt vor mich hin. Es berührte mich nacheinander an beiden Ellenbogen, ergriff dann mit der Rechten meine linke Hand und hielt sie fest, den Blick auf mein Gesicht geheftet. Seine Miene war recht streng, doch die Hand drückte sanft die meine, und ich verstand, dass auch dies als kleines Geheimnis zwischen uns gemeint war. Ich lächelte aber nicht, sondern behielt ein ausdrucksloses Gesicht und richtete den Blick über den Stachelkopf des Mädchens hinweg zu den Roten Regalen an der Wand gegenüber und insbesondere auf die Keramikkaffeetassen, die umgedreht auf der dritten Etage aufgereiht waren. Das Mädchen drückte noch zweimal meine Hand, beim zweiten Mal fester, aber weder senkte ich den Blick, noch lächelte ich.

Der Vater hatte sich unterdessen genähert, mit extra behutsamen Schritten, um diesen womöglich besonderen Moment nicht zu stören. Managerin stand jetzt direkt hinter dem Vater. Nichts davon entging mir, obwohl ich weiterhin starr auf die Roten Regale und die Keramikkaffeetassen blickte und meine Hand so schlaff in der seinen liegen ließ, dass sie, hätte das Mädchen losgelassen, neben mir hinabgefallen wäre.

Immer deutlicher wurde ich mir des Blicks von Managerin bewusst, und ich hörte sie sagen: »Klara ist exzellent. Sie ist eine unserer Besten. Aber vielleicht möchte die junge Dame einen Blick auf die neuen B3-Modelle werfen, die wir jetzt hereinbekommen haben?«

»B3s?« Der Vater klang begeistert. »Die haben Sie schon?«

»Wir haben ein Exklusivabkommen mit unserem Lieferanten. Sie sind gerade erst eingetroffen und noch nicht kalibriert. Aber ich zeige sie Ihnen sehr gern.«

Das Mädchen mit den stacheligen Haaren drückte wieder meine Hand. »Daddy, ich möchte diese hier. Sie ist genau die Richtige.«

»Aber sie haben doch schon die neuen B3s hier, Schatz. Möchtest du sie dir nicht wenigstens mal anschauen? Niemand von deinen Freunden hat einen B3.«

Eine lange Pause trat ein, dann ließ das Mädchen meine Hand los. Ich ließ meinen Arm fallen und starrte auf die Roten Regale.

»Was ist denn überhaupt so besonders an diesen neuen B3s?«, fragte das Mädchen, auf seinen Vater zugehend.

Während das Mädchen meine Hand gehalten hatte, hatte ich Rosa, die links von mir stand, ganz vergessen, doch jetzt wurde mir bewusst, dass sie mich verblüfft anstarrte. Ich hätte sie gern dazu gebracht, den Blick abzuwenden, rührte mich aber nicht, sondern betrachtete immer nur die Roten Regale, bis das Mädchen, der Vater und Managerin nach hinten verschwunden waren. Ich hörte den Vater über eine Bemerkung von Managerin lachen, und als ich endlich wagte, in ihre Richtung zu schauen, war Managerin im Begriff, die Nur-für-Personal-Tür ganz hinten zu öffnen.

»Sie müssen mich entschuldigen«, sagte sie. »Es ist ein bisschen unordentlich hier drin.«

Und der Vater sagte: »Aber nein, es ist doch ein Privileg, dass Sie uns überhaupt hineinlassen. Stimmt's, Schatz?«

Sie traten ein, die Tür schloss sich hinter ihnen, und ich verstand kein Wort mehr; allerdings hörte ich einmal das Lachen des Mädchens mit den stacheligen Haaren.

Im Verlauf des weiteren Vormittags war viel los. Während Managerin mit dem Vater die Auftragsformulare für den neuen B3 ausfüllte, kamen schon die nächsten Kunden herein. Erst am Nachmittag, als es endlich ruhiger wurde, kam Managerin zu mir. »Heute Morgen hast du mich überrascht, Klara«, sagte sie. »Ausgerechnet du.«

»Es tut mir leid, Managerin.«

»Was war denn los? Das sieht dir so gar nicht ähnlich.«

»Es tut mir sehr leid, Managerin. Ich wollte Sie nicht in Verlegenheit bringen. Ich dachte nur, dass ich für genau dieses Kind vielleicht nicht die beste Wahl wäre.«

Managerin sah mich immer noch an. »Vielleicht hast du recht«, sagte sie schließlich. »Das Mädchen wird, glaube ich, mit dem B3-Jungen glücklich sein. Trotzdem, Klara – ich war sehr überrascht.«

»Es tut mir sehr leid, Managerin.«

»Diesmal bin ich dir beigesprungen. Aber es war das erste und das letzte Mal. Es ist der Kunde, der sich seinen KF aussucht, nicht umgekehrt.«

»Ich verstehe, Managerin.« Und leise fügte ich hinzu: »Danke, Managerin, für das, was Sie heute getan haben.«

»Schon gut, Klara. Aber bitte denk dran: Ich tue es nicht noch mal.«

Sie entfernte sich, doch nach ein paar Schritten kam sie wieder zurück. »Das kann nicht sein, Klara, oder? Dass du der Meinung bist, du hättest eine Vereinbarung getroffen?«

Ich dachte erst, sie wollte mich zurechtweisen, wie neulich die zwei KF-Jungen, die vom Fenster aus über Bettelmann gelacht hatten. Doch sie legte mir nur eine Hand auf die Schulter und sagte in ruhigerem Ton als zuvor: »Lass mich dir eines sagen, Klara. Kinder machen andauernd Versprechungen. Sie kommen zum Fenster und versprechen alles Mögliche. Sie versprechen, dass sie wiederkommen, und flehen dich an, dich von niemand anderem mitnehmen zu lassen. Das passiert ständig. Und in der Regel kommt das Kind dann nicht wieder. Oder schlimmer: Das Kind kommt wieder, würdigt den armen KF, der gewartet hat, keines Blickes und sucht sich einen anderen aus. Kinder sind so. Du hast so viel beobachtet und gelernt, Klara. Nun, auch das ist eine Lektion. Verstehst du?«

»Ja, Managerin.«

»Gut. Dann kommt so was ab jetzt nicht mehr vor.« Sie berührte meinen Arm und wandte sich ab.

Die neuen B3s – drei KF-Jungen – waren bald kalibriert und nahmen ihre Positionen ein. Zwei gingen direkt ins Fenster, mit einem großen, neu gemachten Schild, und der dritte bekam die vordere Nische. Ein vierter B3 war natürlich schon von dem Mädchen mit den stacheligen Haaren gekauft und ausgeliefert worden, ohne dass ihn einer von uns zu Gesicht bekommen hätte.

Rosa und ich blieben in der Ladenmitte, allerdings wurden wir nach der Ankunft der neuen B3s zu den Roten Regalen verlegt. Seitdem unsere Zeit im Fenster zu Ende war, wiederholte Rosa gern eine Bemerkung von Managerin: dass jede Position im Laden eine gute sei und die Wahrscheinlichkeit, dass wir auch in der Ladenmitte ausgewählt würden, genauso hoch wie im Fenster oder in der vorderen Nische. Tja – in Rosas Fall stimmte es sogar.

Zu Beginn des Tages deutete nichts auf ein derart einschneidendes Ereignis hin. Alles war wie immer – die Taxis und die Vorbeigehenden, das Hochziehen des Rollladens und die Begrüßung von Managerin. Doch am Abend war Rosa gekauft worden und verschwand hinter der Nur-für-Personal-Tür, um sich für den Versand vorzubereiten. Ich war, glaube ich, immer davon überzeugt gewesen, wir hätten jede Menge Zeit, um alles zu besprechen, bevor eine von uns den Laden verließe. Und dann ging doch alles ganz schnell. An dem Jungen und seiner Mutter, die hereinkamen und Rosa auswählten, nahm ich so gut wie nichts wahr, das mir nützlich gewesen wäre. Und kaum waren sie wieder fort, kaum hatte Managerin bestätigt, dass sie gekauft sei, wurde Rosa derart begeistert, dass ein ernstes Gespräch nicht mehr möglich war. Ich wollte mit ihr die vielen Dinge durchgehen, die sie beachten musste, um eine gute KF zu sein, wollte sie an alles erinnern, was Managerin uns beigebracht hatte, und sie in meine Erkenntnisse über die Außenwelt einweihen. Aber sie sprang in Windeseile von einem Thema zum anderen – ob das Zimmer des Jungen wohl ein hoher Raum sei, welche Hautfarbe die Familie habe, ob sie mal das Meer sehen werde, ob sie einen

Picknickkorb werde packen müssen und so weiter. Ich wollte ihr einschärfen, wie wichtig die Nahrung der Sonne war, und überlegte laut, ob es der Sonne wohl leichtfallen würde, in ihr künftiges Zimmer zu blicken, aber das interessierte sie gar nicht. Und ehe wir's uns versahen, war es Zeit für sie, ins Hinterzimmer zu gehen, und bevor sie hinter der Tür verschwand, lächelte sie mir ein letztes Mal über die Schulter zu.

Während der ersten Tage nach Rosas Weggang behielt ich meinen Platz in der Ladenmitte. Die B3s im Fenster waren beide im Abstand von einem Tag gekauft worden, und um dieselbe Zeit hatte auch KF Rex ein Zuhause gefunden. Bald trafen weitere B3s ein – wieder männliche KFs –, und Managerin stellte sie mir fast direkt gegenüber auf, in der Nähe des Zeitschriftentisches und neben den zwei KF-Jungen aus der älteren Serie. Zwischen mir und dieser Gruppe befand sich die Fahrbare Glasvitrine, was unsere Gespräche auf ein Minimum reduzierte. Aber ich hatte viel Zeit, sie zu beobachten, und sah, wie entgegenkommend die älteren KF-Jungen waren und den Neuankömmlingen alle möglichen nützlichen Ratschläge gaben. Daher nahm ich an, dass sie gut miteinander auskamen. Dann aber fiel mir etwas Merkwürdiges auf. So rückten zum Beispiel im Verlauf eines Vormittags die drei B3s zentimeterweise von den beiden älteren KFs ab. Manchmal machten sie kaum merkliche Schritte zur Seite. Es kam auch vor, dass ein B3, von einem plötzlichen Interesse ergriffen, zum Fenster ging und hinaussah und der Platz, den er danach einnahm, nicht mehr ganz derselbe war wie der, den ihm Managerin zugewiesen hatte. Vier

Tage später stand zweifelsfrei fest, dass sich die drei neuen B3s absichtlich von den älteren KFs entfernten, sodass sie, wenn ein Kunde hereinkam, wie eine eigene Gruppe wirkten, eine Klasse für sich. Zuerst wollte ich es nicht glauben – dass KFs, zumal von Managerin handverlesene, dieses Verhalten an den Tag legten, schien mir ausgeschlossen. Es tat mir leid für die älteren KF-Jungen, aber irgendwann wurde mir klar, dass sie gar nichts bemerkt hatten. Und sie bemerkten auch nicht, was mir sehr bald auffiel: dass die B3s verschlagene Blicke wechselten und einander Zeichen gaben, sobald einer der älteren KF-Jungen sich die Mühe machte, ihnen etwas zu erklären. Die neuen B3s, hieß es, wiesen alle möglichen Verbesserungen auf. Aber wie sollten sie gute KFs für ihre Kinder sein, wenn ihr Geist sich solche Ideen ausdenken konnte? Wäre Rosa bei mir gewesen, hätte ich meine Beobachtungen mit ihr besprochen, aber zu dem Zeitpunkt war sie natürlich schon fort.

Eines Nachmittags, als die Sonne hereinschaute und ihren Blick bis in den hintersten Winkel des Ladens richtete, kam Managerin zu mir und sagte: »Klara, ich habe beschlossen, dich noch einmal ins Fenster zu setzen. Diesmal allein, aber das macht dir ja nichts aus, oder? Du bist doch immer so interessiert an der Welt draußen.«

Ich war so überrascht, dass ich sie nur ansah und nichts sagte.

»Liebe Klara«, sagte Managerin. »Dabei war es immer Rosa, um die mir bang war. Du bist nicht beunruhigt, oder? Musst du nicht. Ich sorge dafür, dass du ein Zuhause findest.«

»Ich bin nicht beunruhigt, Managerin«, sagte ich. Beinahe hätte ich etwas über Josie gesagt, doch mir fiel unser Gespräch nach dem Besuch des Mädchens mit den stacheligen Haaren wieder ein, und ich konnte mich rechtzeitig bremsen.

»Also ab morgen«, sagte Managerin. »Nur sechs Tage. Außerdem bekommst du einen Sonderpreis. Denk dran, Klara, du wirst wieder das Aushängeschild unseres Ladens sein. Also gib dein Bestes.«

Meine zweite Zeit im Fenster war anders als die erste, und nicht nur deshalb, weil Rosa nicht bei mir war. Draußen auf der Straße war genauso viel los wie beim letzten Mal, aber ich musste mich mehr anstrengen, um mich für das, was ich sah, zu begeistern. Manchmal, wenn ein Taxi stehen blieb und ein Vorbeigehender sich zum Fenster hinunterbeugte, um mit dem Fahrer zu reden, versuchte ich zu raten, ob sie Freunde oder Feinde waren. Oder ich beobachtete die kleinen Gestalten, die hinter den Fenstern des RPO-Gebäudes hin und her gingen, überlegte mir, womit sie wohl beschäftigt waren, und malte mir aus, was jede Person getan hatte, bevor sie in ihrem jeweiligen Viereck aufgetaucht war, und was sie wohl danach tun mochte.

Das Wichtigste, was ich während meiner zweiten Zeit im Fenster beobachtete, betraf Bettelmann und seinen Hund. Am vierten Tag – an einem Nachmittag, der so grau war, dass manche Taxis ihre kleinen Lichter eingeschaltet hatten – fiel mir auf, dass Bettelmann nicht an seinem gewohnten Platz war, im blinden Eingang zwischen RPO-Gebäude und Feuerleiterhaus, von dem aus er die Vorbeigehenden grüßte. Erst dachte ich mir nichts dabei, denn Bettelmann wanderte häufig herum und war manchmal ziemlich lange fort. Dann schaute ich wieder zur anderen Straßenseite hinüber und sah, dass er doch da war, auch sein Hund, und dass ich die zwei nur nicht gesehen hatte, weil sie auf dem Boden lagen. Sie hatten sich eng an den blinden Eingang gedrückt, um den Vorbeigehenden nicht im Weg zu sein, sodass man sie von unserer Seite aus für die Mülltüten hätte halten können, die manchmal von den Stadtarbeitern zurückgelassen wurden. Aber jetzt schaute ich immer wieder nach ihnen, wenn zwischen den Vorbeigehenden eine Lücke war, und ich sah, dass Bettelmann sich nie bewegte, sowenig wie der Hund in seinen Armen. Manchmal stutzte ein Vorbeigehender und blieb kurz stehen, ging dann aber weiter. Schließlich war die Sonne fast vollständig hinter dem RPO-Gebäude verschwunden, und Bettelmann und sein Hund lagen genauso da wie schon den ganzen Tag, und es war offensichtlich, dass sie gestorben waren, auch wenn die Vorbeigehenden es nicht bemerkten. Ich fühlte Traurigkeit, obwohl es gut war, dass sie wenigstens zusammen gestorben waren, dass sie einander gehalten und versucht hatten, sich gegenseitig zu helfen. Ich hoffte, dass jemand es bemerkte, damit sie irgendwohin gebracht würden, wo es besser und ruhiger war, und ich überlegte, ob ich Managerin etwas sagen sollte. Doch bei Geschäftsschluss, als es Zeit für mich war, aus dem Fenster zu steigen, sah sie so müde und ernst aus, dass ich lieber nichts sagte.

Als am nächsten Morgen der Rollladen aufging, zeigte sich ein strahlender Tag. Die Sonne goss ihre Nahrung auf die Straße und in die Gebäude, und als ich zu dem Platz hinüberschaute, an dem Bettelmann und sein Hund gestorben waren, sah ich, dass sie gar nicht tot waren, sondern dass eine Besondere Nahrung der Sonne sie gerettet hatte. Bettelmann war noch nicht auf den Füßen, aber er lächelte schon und saß aufrecht, lehnte sich an den blinden Eingang, hatte ein Bein ausgestreckt und das andere angewinkelt, sodass er den Arm auf das Knie legen konnte. Und mit der freien Hand kraulte er den Hals des Hundes, der ebenfalls ins Leben zurückgekehrt war und den Vorbeigehenden nachschaute. Beide nahmen hungrig die Besondere Nahrung der Sonne auf und wurden von Minute zu Minute kräftiger, und ich erkannte, dass Bettelmann schon ganz bald, vielleicht schon am Nachmittag, wieder auf den Beinen sein und, wie immer, vergnügt vom blinden Eingang aus ein paar Worte mit Vorbeigehenden wechseln würde.

Meine sechs Tage waren schnell vorbei, und Managerin sagte, ich hätte dem Laden alle Ehre gemacht. Überdurchschnittlich hohe Verkäufe seien erzielt worden, während ich im Fenster gewesen sei, und das zu hören machte mich froh. Ich dankte ihr, dass sie mir eine zweite Runde gewährt hatte, und sie lächelte und sagte, jetzt würde ich bestimmt nicht mehr lange warten müssen.

Zehn Tage später wurde ich in die hintere Nische verlegt. Managerin, die ja wusste, wie sehr mir die Aussicht auf die Außenwelt gefiel, versicherte mir, es sei nur für ein paar Tage, dann könnte ich wieder in die Ladenmitte zurück. Die hintere Nische sei jedenfalls auch eine sehr gute Position, und tatsächlich stellte ich fest, dass es mir gar nichts ausmachte, hier zu stehen. Die beiden KFs, die auf dem Glastisch an der rückwärtigen Wand saßen, hatte ich schon immer gemocht, und jetzt stand ich nahe genug, um ausführliche Gespräche mit ihnen zu führen, indem wir einander zuriefen – vorausgesetzt, es war keine Kundschaft im Laden. Allerdings war die hintere Nische noch hinter dem Torbogen, sodass ich nicht nur keinen Blick auf die Außenwelt hatte, sondern kaum den vorderen Bereich des Ladens sehen konnte. Wenn ich eintretende Kunden sehen wollte, musste ich mich so weit vorbeugen, dass ich um die Bogenlaibung herumspähen konnte, und selbst dann – selbst wenn ich ein paar Schritte machte – war die Sicht immer noch unterbrochen von den Silbervasen auf dem Zeitschriftentisch und den mitten im Laden stehenden B3s. Andererseits konnte ich Geräusche besser wahrnehmen – vielleicht weil wir von der Straße weiter entfernt waren oder weil im hinteren Bereich des Ladens die Decke schräg abfiel. Deshalb erkannte ich allein am Klang der Schritte, lange bevor sie etwas sagte, dass Josie in den Laden gekommen war.

»Warum mussten die sich dermaßen mit Parfüm einsprühen? Mich würgt es immer noch.«

»Seife, Josie«, sagte die Stimme der Mutter. »Nicht Parfüm. Handgeschnittene Seife, und noch dazu sehr edle.«

»Jedenfalls war es der falsche Laden. Hier sind wir richtig. Ich hab's dir gleich gesagt, Mom.« Ich hörte, wie sich ihre vorsichtigen Schritte durch den Raum bewegten. Dann sagte sie: »Das ist auf jeden Fall der richtige Laden. Aber sie ist nicht mehr da.«

Ich machte drei kleine Schritte vorwärts, bis ich zwischen den Silbervasen und den B3s die Mutter auf etwas starren sah, das außerhalb meines Blickfelds lag. Ich sah ihr Gesicht nur im Profil, aber es schien mir noch erschöpfter als beim letzten Mal, als sie auf dem Gehsteig gestanden und wie die hoch im Wind sitzenden Vögel ausgesehen hatte. Ich vermutete, dass sie Josie beobachtete – und dass Josie den neuen weiblichen B3 in der vorderen Nische betrachtete.

Lange passierte nichts. Dann sagte die Mutter: »Was sagst du, Josie?«

Josie gab keine Antwort, und ich hörte, wie sich die Schritte von Managerin auf die beiden zubewegten. Im Laden herrschte jetzt diese besondere Stille, die eintritt, wenn alle KFs die Ohren spitzen und sich fragen, ob ein Verkauf bevorsteht.

»Sung Yi stammt natürlich aus der B3-Serie«, sagte Managerin. »Sie ist eine der perfektesten, die ich bislang gesehen habe.«

Jetzt sah ich Managerins Schulter, aber Josie konnte ich noch immer nicht entdecken. Ich hörte nur ihre Stimme.

»Du bist wirklich fantastisch, Sung Yi. Nimm's mir bitte nicht übel, aber ...« Sie verstummte, wieder hörte ich ihre vorsichtigen Schritte, und dann konnte ich sie zum ersten Mal sehen. Sie ließ den Blick durch den Laden schweifen.

Die Mutter sagte: »Ich habe gehört, dass die neuen B3s hervorragend wahrnehmen und erinnern. Aber sie sind wohl auch weniger empathisch.«

Managerin gab einen Laut von sich, der Lachen und Seufzen zugleich war. »Ganz zu Beginn vielleicht, da zeigte sich bei einem oder zwei B3s ein gewisser Eigensinn. Aber ich kann Ihnen besten Gewissens versichern, dass bei unserer Sung Yi nichts dergleichen vorkommt.«

»Hätten Sie was dagegen«, sagte die Mutter zu Managerin, »wenn ich Sung Yi direkt anspreche? Ich hätte ihr ein paar Fragen zu stellen.«

»Aber, Mom«, fiel Josie ihr ins Wort – und jetzt war sie wieder außerhalb meines Sichtfelds –, »wozu denn? Sung Yi ist garantiert super, aber ich möchte jemand anderen.«

»Wir können nicht ewig suchen, Josie.«

»Das hier ist der Laden, Mom, ich sag's dir. Sie war hier. Wahrscheinlich kommen wir einfach zu spät.«

Es war ein Pech, dass Josie ausgerechnet jetzt gekommen war, da ich ganz hinten im Laden stand. Dennoch war ich sicher, dass sie früher oder später in meinen Bereich kommen und mich sehen würde, und das war ein Grund, weshalb ich blieb, wo ich war, und keinen Ton von mir gab. Vielleicht gab es aber noch einen weiteren Grund. Denn fast zugleich mit der Freude, die ich empfand, als mir klar wurde, wer in den Laden gekommen war, hatte mich eine Furcht erfasst, und die hatte mit Managerins Bemerkung zu tun, dass Kinder oft alles Mögliche versprächen und dann doch nicht wiederkämen, und wenn doch, dann ignorierten sie den KF, dem sie ihr Versprechen gegeben hätten, und suchten sich einen anderen aus. Vielleicht hielt ich deshalb still und wartete.

Jetzt sprach Managerin wieder, und ihre Stimme hatte einen neuen Beiklang.

»Entschuldige – aber habe ich das richtig verstanden, dass du nach einer ganz bestimmten KF suchst? Nach einer, die du schon mal gesehen hast?«

»Ja genau! Sie hatten sie hier im Fenster sitzen, ist schon eine Weile her. Sie war wirklich hübsch und wirklich klug. Sah ein bisschen französisch aus? Kurzes Haar, ziemlich dunkel, und was sie anhatte, war auch alles ziemlich dunkel, und sie hatte einen total freundlichen Blick und war einfach mega!«

»Ich glaube, ich weiß, wen du meinst«, sagte Managerin. »Komm bitte mit. Dann schauen wir.«

Erst jetzt bewegte ich mich und ging zu einem Platz, an dem sie mich sehen konnten. Den ganzen Vormittag über war ich weit weg vom Muster der Sonne gewesen, aber jetzt, genau in dem Moment, in dem Managerin mit Josie im Schlepptau im Torbogen auftauchte, trat ich in zwei einander überschneidende Vierecke. Als Josie mich sah, begann sie zu strahlen und ging schneller.

»Du bist ja doch noch da!«

Sie war noch dünner geworden. Mit ihrem unsicheren Gang kam sie auf mich zu, und ich dachte, sie wollte mich umarmen, doch im letzten Moment hielt sie inne und blickte mir direkt ins Gesicht.

»O Mann! Ich dachte wirklich, du bist weg!«

»Warum denn?«, sagte ich leise. »Wir haben uns doch ein Versprechen gegeben.«

»Ja«, sagte Josie. »Ja, das stimmt wohl. Ich hab's wohl verpeilt – ich meine, weil ich so lang nicht gekommen bin.«

Während ich sie anlächelte, rief sie über die Schulter: »Mom! Sie ist da! Die, nach der ich gesucht habe!«

Die Mutter kam langsam auf den Torbogen zu, dann blieb sie stehen. Und einen Augenblick lang sahen alle drei mich an: Josie stand ganz vorn, glücklich strahlend; Managerin direkt hinter ihr, ebenfalls lächelnd, aber mit zurückhaltender Miene, die ich als wichtiges Signal auffasste; und dann die Mutter, mit schmalen Augen, wie die Leute draußen, wenn sie zu erkennen versuchen, ob ein Taxi frei ist oder schon besetzt. Und als ich sie sah und die Art, wie sie mich anschaute, kam die Furcht zurück, die bei Josies Ausruf »Du bist ja doch noch da!« fast verschwunden war.

»Ich wollte viel früher kommen«, sagte Josie. »Aber ich war ein bisschen krank. Aber jetzt geht's mir wieder gut.« Dann rief sie nach hinten: »Mom? Können wir sie gleich kaufen? Bevor wer anderes sie uns wegschnappt?«

Eine kurze Pause trat ein, dann sagte die Mutter leise: »Wenn ich recht verstehe, ist diese hier keine B3.«

»Klara ist eine B2«, sagte Managerin. »Aus der vierten Serie, deren Qualität nach Auffassung mancher nie wieder erreicht wurde.«

»Aber keine B3.«

»Die B3-Innovationen sind wirklich sagenhaft. Aber manche Kunden finden, dass ein Spitzenklasse-B2 bei einem bestimmten Typ Kind nach wie vor die glücklichste Wahl ist.«

»Verstehe.«

»Mom. Ich möchte keine andere als Klara. Nur sie.«

»Moment, Josie.« Dann sagte sie zu Managerin: »Jeder Künstliche Freund ist einzigartig, oder?«

»Das ist richtig. Und ganz besonders auf diesem Niveau.«

»Was macht dann diese hier einzigartig? Diese ... Klara?«

»Klara hat so viele einzigartige Eigenschaften, wir würden den ganzen Vormittag damit zubringen. Aber wenn ich nur eine einzige hervorheben müsste, würde ich sagen: Es ist ihre Neugier, ihre Lust, zu beobachten und zu lernen. Ihre Gabe, alles an ihrer Umgebung aufzunehmen und zu verarbeiten. Das ist wirklich erstaunlich. Aus diesem Grund besitzt sie jetzt unter allen KFs in diesem Laden, die B3s nicht ausgenommen, die höchstentwickelte Auffassungsgabe.«

»Aha.«

Wieder musterte mich die Mutter aus schmalen Augen. Dann ging sie noch drei Schritte auf mich zu.

»Kann ich ihr ein paar Fragen stellen?«

»Bitte.«

»Mom, bitte ...«

»Entschuldige, Josie. Geh einfach einen Moment zur Seite, während ich mit Klara rede.«

Dann standen die Mutter und ich uns gegenüber, und ich bemühte mich, das Lächeln in meinem Gesicht zu bewahren, aber es war nicht leicht, und es kann sogar sein, dass man mir die Furcht anmerkte.

»Klara«, sagte die Mutter. »Ich möchte, dass du Josie jetzt nicht ansiehst. Sag mir, ohne sie anzuschauen: Welche Augenfarbe hat sie?«

»Ihre Augen sind grau.«

»Gut. Josie, du musst vollkommen still sein. So, Klara. Die Stimme meiner Tochter. Du hast sie eben sprechen hören. Was würdest du sagen, in welchem Tonumfang bewegt sich ihre Stimme?«

»Im Gesprächston hat ihre Stimme einen Tonumfang zwischen dem As über dem mittleren C bis zum hohen C.«

»Aha?« Wieder trat eine Pause ein, dann sagte die Mutter: »Letzte Frage, Klara. Was ist dir am Gang meiner Tochter aufgefallen?«

»Möglicherweise hat sie eine Kraftlosigkeit in der linken Hüfte. Und die rechte Schulter ist eine potenzielle Schmerzquelle, daher ist Josies Gang von einer Art, die jähe Bewegungen und unnötige Stöße vermeidet.«

Die Mutter überlegte. Dann sagte sie: »Gut, Klara. Da du offenbar so viel darüber weißt, würdest du bitte Josies Gang für mich nachmachen? Tust du das für mich? Jetzt gleich? Den Gang meiner Tochter?«

Hinter der Schulter der Mutter sah ich, wie sich Managerins Mund öffnete, als wollte sie etwas sagen. Aber sie schwieg. Sie nickte mir nur unmerklich zu, als sie meinem Blick begegnete.

Ich begann zu gehen. Mir war klar, dass nicht nur die Mutter – und natürlich Josie –, sondern der ganze Laden zusah und zuhörte. Ich ging unter dem Torbogen hindurch und trat in das Muster, das die Sonne auf den Fußboden warf. Dann ging ich weiter auf die B3s in der Ladenmitte und die Fahrbare Glasvitrine zu. Ich bemühte mich nach Kräften, Josies Gang so nachzuahmen, wie ich ihn zuerst gesehen hatte, als sie aus dem Taxi ausgestiegen war und ich mit Rosa im Fenster gesessen hatte, dann vier Tage später, als ihre Mutter die Hand von ihrer Schulter genommen hatte und sie zum Fenster gekommen war, und zuletzt vor einem Moment, als sie mit glücklicher Erleichterung in den Augen auf mich zugeeilt war.

Bei der Fahrbaren Glasvitrine angelangt, begann ich sie zu umrunden, immer darauf bedacht, das Charakteristische an Josies Gang beizubehalten, auch wenn ich darauf achten musste, den B3, der neben der Vitrine stand, nicht zu streifen.

Als ich im Begriff war, den Rückweg anzutreten, blickte

ich auf und sah die Mutter, und sie hatte etwas an sich, das mich innehalten ließ. Nach wie vor beobachtete sie mich aufmerksam, doch jetzt war es, als ginge ihr Blick durch mich hindurch, als wäre ich die Fensterscheibe und sie versuchte etwas zu erkennen, das weit dahinterlag. Ich blieb neben der Fahrbaren Glasvitrine stehen, die Ferse des einen Fußes angehoben, und im Laden herrschte eine ganz eigenartige Stille.

»Wie Sie sehen«, sagte Managerin, »besitzt Klara eine außergewöhnliche Beobachtungsgabe. Ich habe nie ihresgleichen erlebt.«

»Mom.« Diesmal war Josies Stimme gedämpft. »Mom. Bitte.«

»Na gut. Wir nehmen sie.«

Josie stürmte auf mich zu. Sie schlang die Arme um mich und drückte mich an sich. Als ich über den Kopf des Kindes hinwegblickte, sah ich Managerin froh lächeln und die Mutter mit angespannter und ernster Miene den Blick auf ihre Umhängetasche senken, um darin etwas zu suchen.

ANTON ČECHOV

Einer von vielen

Eine Stunde vor Abfahrt des Zuges in die Sommerfrische kommt ein Familienvater, einen gläsernen Lampenschirm, ein Spielzeugfahrrad und einen Kindersarg in den Händen, zu seinem Freund und sinkt entkräftet auf den Divan.

– Mein Lieber, Liebster ... – murmelt er, keuchend und mit fahrigem Blick. – Ich habe eine Bitte an dich. Ich flehe dich an um Christi willen ... leih mir bis morgen deinen Revolver. Sei ein Freund.

– Wozu brauchst du einen Revolver?

– Ich brauche ihn ... Oh, mein Gott! Gib mir Wasser. Schnell, Wasser! ... Ich brauche ihn ... Nachts muß ich durch einen dunklen Wald, und da dachte ich ... für alle Fälle ... Leih ihn mir, sei so gut! ...

Der Freund blickt in das bleiche, verquälte Gesicht des Familienvaters, auf die schweißbedeckte Stirn, in die Wahnsinnsaugen und zuckt die Achseln.

– Ivan Ivanyč, du lügst doch! – sagt er. – Was, beim Teufel, redest du da von einem dunklen Wald? Wahrscheinlich hast du etwas vor! Ich sehe es dir an, du hast etwas Ungutes vor! Was ist los mit dir? Wozu schleppst du einen Kindersarg mit dir herum? Hör zu, dir ist schlecht!

– Wasser ... Oh, mein Gott ... Warte, laß mich verschnaufen ... Ich bin hundemüde. Im ganzen Körper und in der Birne habe ich ein Gefühl, als hätte man mir alle Adern und Sehnen herausgezogen und am Spieß gebraten ... Ich kann es nicht mehr ertragen ... Sei ein Freund, frage nicht, vertief dich nicht in Einzelheiten ... gib mir den Revolver! Ich flehe dich an!

– Jetzt reichts! Ivan Ivanyč, was für ein Kleinmut? Familienvater, Staatsrat! Schäm dich!

– Du hast leicht reden ... andere zu beschämen, während du hier in der Stadt lebst und diese verfluchte Sommerfrische nicht kennst ... Gib mir noch Wasser ... Wenn du an meiner Stelle lebtest, du würdest anders reden ... Ich bin ein Märtyrer! Ich bin ein Packesel, ein Sklave, ein Schurke, der immer noch etwas erwartet, statt sich endlich ins Jenseits zu befördern! Ein Waschlappen, ein Trottel, ein Idiot! Wozu lebe ich? Wofür?

Der Familienvater springt auf und beginnt, verzweifelt in die Hände klatschend, im Kabinett auf und ab zu schreiten.

– Sage du mir: wofür lebe ich? – schreit er, springt auf den Freund zu und packt ihn am Knopf. – Wozu diese ununterbrochene Kette moralischer und physischer Leiden! Ich begreife ja, Märtyrer für eine Idee zu sein, jawohl. Aber Märtyrer weiß der Teufel wofür, für Damenröcke und Kindersärge, nein – ergebenster Diener! Nein, nein, nein! Mir reicht es! Es reicht!

– Schrei nicht so, die Nachbarn können es hören!

– Sollen es auch die Nachbarn hören, ist mir doch egal! Gibst du mir den Revolver nicht, gibt ihn mir ein anderer, ich werde nicht länger leben! Es ist beschlossen!

– Warte, du hast mir den Knopf abgerissen ... Sprich klar

und deutlich. Ich begreife immer noch nicht, worin dein Leben so schlecht sein soll.

– Worin? Du fragst: worin? Bitte sehr, ich werd es dir erzählen! Bitte sehr! Ich werde dir alles sagen, das wird mich womöglich erleichtern. Setzen wir uns ... Ich werde mich kurz fassen, ich muß nämlich gleich zum Bahnhof fahren und außerdem noch bei Tjutrjumov vorbei und zwei Dosen Sprotten bei ihm holen und ein Pfund kandierte Früchte für Marja Osipovna, mögen ihr die Teufel im Jenseits die Zunge rausreißen! Also, hör zu ... Nehmen wir zum Beispiel nur den heutigen Tag. Nehmen wir ihn. Wie du weißt, habe ich von morgens um zehn Uhr bis um vier in der Kanzlei zu schmoren. Die Affenhitze, die Schwüle, die Fliegen – und ein unbeschreibliches Chaos. Der Sekretär hat Urlaub genommen, Chrapov ist auf Hochzeitsreise, das Schreibergemüse ist übergeschnappt vor Sommerfrische, Amouren und Liebhaberaufführungen. Alle sind verschlafen, entkräftet, übermüdet, erschöpft, es kommt nichts Sinnvolles heraus, nichts zu machen, weder mit gutem Zureden noch mit Gebrüll ... Den Sekretär vertritt ein Subjekt, auf dem linken Ohr taub und verliebt, das kaum die Eingangs- von der Ausgangspost unterscheiden kann; der Trottel bringt nichts zustande, ich muß alles selber machen. Ohne den Sekretär und ohne Chrapov weiß niemand, wo was liegt, wohin was zu schicken ist, und die verblödeten Bittsteller, alle rennen irgendwohin und haben es eilig, sind zornig, drohen – ein solcher Schlamassel, daß man nach der Polizei rufen möchte. Ein Tohuwabohu und Höllengezänk ... Dann die Satansarbeit: ein und dasselbe, ein und dasselbe, Anfrage, Stellungnahme, Anfrage, Stellungnahme – eintönig wie das Meeresrauschen. Verstehst du, dir fallen die Augen aus dem Kopf, und dann läßt sich zu meinem Leidwesen mein Chef auch noch scheiden und leidet an Ischias; er jammert und greint, daß es nicht auszuhalten ist. Es ist unerträglich!

Der Familienvater springt auf und setzt sich gleich wieder.

– All das sind Lappalien, hör zu, wie es weitergeht! – sagt er. – Du kommst aus der Behörde zerschlagen, gerädert; du möchtest essen gehn und dich aufs Ohr hauen, aber nein, denk dran, du hast ein Sommerhaus, d. h. du bist ein Sklave, ein Dreck, ein Packesel, also hast du alter Hundesohn jetzt durch die Stadt zu rennen und Aufträge zu erledigen. Es ist doch mittlerweile die liebe Gewohnheit bei uns: wenn jemand aus der Sommerfrische in die Stadt fährt, dann ist, von der Frau Gemahlin zu schweigen, jedes Geschmeiß, jede Laus befugt und berechtigt, ihm einen Haufen Aufträge aufzubinden. Die Frau Gemahlin verlangt, daß ich zur Modistin fahre und sie beschimpfe, weil das Kleid in der Taille zu weit und in den Schultern zu eng ist; Sonečkas Schuhe müssen umgetauscht werden, für die Frau Schwägerin ponceaurote Seide zu 20 Kop. nach Muster und drei Ellen Tresse … Hier, warte, ich lese es dir gleich vor.

Der Familienvater zieht einen zerknüllten Zettel aus der Westentasche und liest in rasender Wut:

– »Lampenschirm; 1 Pfund Schinkenwurst; Nelken und Zimt zu 5 Kop.; Rizinusöl für Miša; 10 Pf. Puderzucker; von zu Hause: den Kupferkessel und den Mörser für Zucker; Karbolsäure und persisches Pulver zu 20 Kop.; 20 Flaschen Bier, 1 Flasche Essigessenz; Korsett für m-lle

Chanson Gr. 82 bei Gvozdev und von zu Hause Mišas Übergangsmantel und Galoschen mitbringen.« Das ist der Tagesbefehl der Gemahlin und Familie. Jetzt die Aufträge der lieben Bekannten und Nachbarn, der Teufel soll sie verschlingen! Bei Vlasins hat Volodja morgen Namenstag, für ihn soll ich ein Fahrrad mitbringen; den Kurkins ist ein Säugling krepiert, also muß ich einen Sarg kaufen; Marja Michajlovna kocht Varenje, deshalb muß ich für sie täglich ein halbes Pud Zucker schleppen; Frau Oberstleutnant Vichrin ist in anderen Umständen; ich bin nicht im Traume daran schuld, aber aus irgendeinem Grunde bin ich verpflichtet, zur Hebamme zu fahren und sie um ihren Besuch zu bitten ... Gar nicht zu reden von Aufträgen dieser Art wie Briefe besorgen, Wurst, Telegramme, Zahnpulver. Fünf Zettel habe ich in der Tasche! Aufträge abzulehnen ist unmöglich: das ist unanständig, unliebenswürdig! Der Teufel soll sie holen! Jemandem ein Pud Zucker und die Hebamme aufhalsen – das ist anständig, aber es ablehnen – quel horreur, es gibt nichts Unanständigeres! Lehne ich den Kurkins etwas ab, geht als erste die liebe Frau Gemahlin auf die Barrikaden: was wird Fürstin Marja Alekseevna dazu sagen?! ... oh! ach! dann kannst du dich vor Ohnmachtsanfällen nicht mehr retten, zum Teufel! Ja, mein Lieber, so rennst du in der Zeit zwischen Dienst und Zug durch die Stadt, rennst, rennst und verfluchst das Leben. Vom Warenhaus in die Apotheke, von der Apotheke zur Modistin, von der Modistin in den Wurstladen, von dort wieder in die Apotheke. Hier rutschst du aus, dort vergißt du dein Geld, an der dritten Stelle vergißt du zu bezahlen, und man jagt dir mit Geschrei hinterher, an der vierten

Stelle trittst du einer Dame auf die Schleppe ... Phu! Die Hetzerei macht dich rasend und zugleich so kaputt, daß dir danach die ganze Nacht die Knochen knacken und sämtliche Sehnen weh tun. Also schön, die Aufträge sind erledigt, alles ist eingekauft, aber wie verpackst du jetzt die ganze Musik? Wie verpackst du einen schweren Messingmörser nebst Stößel mit einem Lampenschirm oder das Karbolfläschchen mit dem Tee. Laß dir was einfallen. Wie bringst du die Bierflaschen mit diesem Fahrrad unter einen Hut? Nein, das ist eine ägyptische Plage, eine Denksportaufgabe, ein Rebus! Aber wie dus auch verpackst, wie dus auch verschnürst, sei sicher, am Ende geht doch etwas zu Bruch, und du verschüttest was, und auf dem Bahnhof und im Zug stehst du wie eine Vogelscheuche, die Arme verrenkt, verhakt, mit dem Kinn klemmst du irgendein Bündel auf die Brust, vollbehängt mit Tüten, Schachteln und anderem Mist. Und fährt der Zug an, schleudern die Leute dein Gepäck in alle Richtungen: du hast mit deinem Gepäck fremde Plätze belegt. Die Leute schreien, rufen nach dem Schaffner, drohen dich rauszuwerfen, aber was soll ich machen? Ich kann die Sachen doch nicht zum Fenster rauswerfen! Sie hätten sie aufgeben müssen! Leicht gesagt, aber dazu braucht man eine Kiste, muß den ganzen Mist verpacken, und wo soll ich jeden Tag eine Kiste hernehmen, in die ich neben den Lampenschirm den Messingstößel lege? So ist der Zug erfüllt von Geheul und Zähneknirschen, die ganze Strecke über, bis du endlich da bist. Warte nur, was mir die Fahrgäste heute zu diesem Kindersarg vorsingen werden! Uff! Gib mir Wasser, Freund. Jetzt hör weiter. Aufträge zu erteilen ist üblich, aber dir Geld für die Auslagen zu geben – von wegen! Ich habe eine Menge Geld ausgegeben, zurück bekomme ich die Hälfte. Ich schicke das Dienstmädchen mit dem Kindersarg zu den Kurkins, aber sie tragen jetzt Trauer, also haben sie nicht die Zeit, an Geld zu denken. Also bekomme ich es nicht. An Schulden erinnern, noch dazu Damen – kann ich nicht und wenn du mich totschlägst. Die Rubel bekomme ich ja manchmal, irgendwie, wenn auch widerwillig, aber die Kopeken, die kannst du abschreiben. Also, ich komme nach Hause. Hier möchte man einen anständigen Schluck trinken nach all den Mühen der Gerechten, möchte in Ruhe essen und sich aufs Ohr hauen – nicht wahr? –, aber nichts da. Die Frau Gemahlin liegt längst auf der Lauer. Kaum hast du die Suppe gegessen, schon schnappt sie sich zap-zarap den Knecht Gottes: möchten Sie sich nicht irgendwohin begeben zu einer Liebhaberaufführung oder in den Tanzzirkel? Wage ja nicht zu protestieren. Du bist Ehemann, und das Wort »Ehemann« bedeutet, in die Sprache der Damenwelt übersetzt: Waschlappen, Idiot und stummes Tier, auf dem man uneingeschränkt reiten und Lasten befördern darf, ohne befürchten zu müssen, daß der Tierschutz einschreitet. Du gehst also mit und reißt die Augen auf in »Skandal in vornehmer Familie«, applaudierst »Motja« auf Befehl der Gemahlin und spürst, du krepierst gleich. Und im Tanzzirkel schau zu, wie sie tanzen, und such für die Frau Gemahlin einen Tänzer, und wenn du keinen Kavalier findest, dann tanze die Quadrille bitte selber. Du tanzt mit irgendeiner Šarteka Ivanovna, lächelst idiotisch und denkst dabei: »O Gott, wie lange noch?« Du kommst um Mitternacht aus dem Theater oder vom Ball, da bist du kein Mensch mehr, sondern ein Kadaver, zum Wegwerfen. Aber du bist endlich ans Ziel gekommen: du hast dich ausgezogen und liegst im Bett. Schließ die Augen und schlaf ... Ausgezeichnet ... Alles ist so schön: es ist warm, die Kinder nebenan greinen nicht, die Frau Gemahlin liegt nicht neben dir, dein Gewissen ist rein – schöner gehts nicht. Du schläfst ein, und plötzlich ... plötzlich hörst du: dsss ... Mücken! Mücken, dreimal seien sie verflucht, diese Satansbiester!

Der Familienvater springt auf und schüttelt die Fäuste.

– Mücken! Das ist eine ägyptische Plage, die Inquisition! Dsss ... Das sirrt so kläglich, so traurig, als wollte es dich um Vergebung bitten, bis das verdammte Biest dich gestochen hat, und danach kannst du dich eine Stunde lang kratzen. Du rauchst, du schlägst nach ihnen, steckst den Kopf unter die Decke – nichts hilft! Am Ende pfeifst du drauf und läßt dich von ihnen zerfleischen: freßt, verflucht noch mal! Du hast dich an die Mückenstiche noch nicht gewöhnt, da fängt unten im Saal die Frau Gemahlin an, mit ihren Tenören Romanzen einzustudieren. Tagsüber schlafen sie, nachts bereiten sie ihre Liebhaberaufführung vor. Oh, mein Gott! Tenöre sind so eine Qual, mit keinen Mücken zu vergleichen.

Der Familienvater zieht ein klägliches Gesicht und singt:

– »Sag nicht, die Jugend hätte dich zerstört ... Und wieder stehe ich vor dir bezaubert.« Oh, ihr Schu-urken! Die Seele habt ihr mir aus dem Leib gequält! Um sie wenigstens ein klein wenig zu entschärfen, verfalle ich auf dieses Kunststück: ich klopfe mir mit dem Zeigefinger über dem Ohr an die Schläfe. So klopfe ich bis etwa vier Uhr, bis sie endlich auseinandergehen ... Und kaum sind sie gegangen, kommt schon die nächste Plage: meine Donna Gemahlin beehrt mich und fordert von meiner Person ihre gesetzlichen Rechte ein. Sie zwitschert zuckersüß vom Mondenschein und ihren Tenören, und ich keuche. Glaube mir, ich bin so in Angst, daß mich nachts, wenn sie zu mir kommt, Fieber und Panik packen. Oh, gib mir noch Wasser, Freund … Ja, und so, ohne geschlafen zu haben, stehst du um sechs Uhr auf und marsch! zur Bahnstation auf den Zug. Du rennst, hast Angst, zu spät zu kommen, und draußen – Dreck, Nebel, Kälte, brrr! Und kommst du in die Stadt, geht alles wieder von vorn los. So ist das, mein Lieber … Ein Hundeleben, kann ich dir sagen, meinem schlimmsten Feind wünsche ich so ein Leben nicht! Verstehst du, ich bin krank geworden! Asthma, Sodbrennen, ewig Angstzustände, Verdauungsstörungen … kurz, das ist kein Leben, sondern Trübsal ohne Ende! Und niemand, der dich bedauerte, der Mitleid hätte, nein, als müßte es so sein. Sie lachen sogar über mich. Ein Ehemann, Familienvater mit Sommerhaus, so gehört sichs, geschieht ihm recht, soll er doch krepieren. Aber begreift doch, ich bin ein Lebewesen, ich will leben! Hör zu, wenn du mir deinen Revolver nicht gibst, hab wenigstens Mitleid.

– Das habe ich.

– Ich sehe schon, wie dieses Mitleid aussieht … Leb wohl … Ich fahre die Sprotten holen und dann zum Bahnhof.

– Wo steht eigentlich dein Sommerhaus?

– Bei Dochlaja rečka …

– Ja, ich kenne diesen Ort … Hör mal, da wohnt doch auch Olga Pavlovna Finberg, kennst du sie nicht?

– Doch ... Ich bin sogar mit ihr bekannt ...

– Was du nicht sagst! – staunt der Freund, und sein Gesicht nimmt einen freudestrahlenden Ausdruck an. – Das wußte ich gar nicht! Also, wenn das so ist ... mein Lieber, könntest du mir nicht einen kleinen Gefallen tun? Sei ein Freund, liebster Ivan Ivanyč! Gib mir dein Ehrenwort, daß du es tust!

– Was denn?

– Tu es aus Freundschaft zu mir. Ich flehe dich an, Liebster! Erstens, richte Olga Pavlovna einen Gruß von mir aus, und zweitens, nimm ihr eine Kleinigkeit mit. Sie hat mich beauftragt, eine Nähmaschine für sie zu kaufen, aber ich habe niemanden, dem ich sie mitgeben könnte. Bring sie ihr, Liebster!

Der Familienvater schaut den Freund eine Minute lang mit stumpfem Blick an, als könne er nichts begreifen, dann läuft er purpurrot an und beginnt zu schreien und mit den Füßen aufzustampfen:

– Hier, freßt diesen Menschen! Schlagt ihn tot! Zerfleischt ihn! Gebt her die Maschine! Setzt euch rittlings oben drauf! Wasser! Gebt mir Wasser! Wofür lebe ich? Wozu?

GUY DE MAUPASSANT
Zwei Freunde

Das belagerte, ausgehungerte Paris lag in den letzten Zügen. Die Sperlinge auf den Dächern waren selten geworden und die Kloaken entvölkert. Man aß, was nur immer zu haben war.

Herr Morissot, seines Zeichens Uhrmacher und seiner augenblicklichen Beschäftigung nach Staatsbummler, wanderte an einem hellen Januarmorgen, die Hände in den Hosentaschen seiner Uniform, mit leerem Magen in trübseliger Stimmung auf dem äußeren Boulevard umher. Plötzlich blieb er vor einem Waffengenossen stehen, in dem er einen alten Freund wiedererkannte. Es war Herr Sauvage, den er einst am Ufer der Seine kennengelernt hatte.

Vor dem Kriege wandelte Herr Morissot jeden Sonntag mit dem Frührot, eine Angelrute in der Hand und ein Gefäß aus Weißblech auf dem Rücken zum Hause hinaus. Er benutzte die Eisenbahn nach Argenteuil, stieg in Colombes aus und begab sich zu Fuß nach der Insel Marante. Kaum an diesem Zielpunkt seiner Träume angelangt, begann er zu fischen und fischte bis zum Abend.

Jeden Sonntag traf er dort einen wohlgenährten, kleinen, jovialen Mann, Herrn Sauvage, einen Krämer aus der Straße Notre Dame de Lorette, der wie er ein leidenschaftlicher Angler war. Sie brachten zuweilen halbe Tage nebeneinander zu, die Angelrute in der Hand, die Füße über dem Wasser baumelnd, und fühlten sich allmählich von herzlicher Freundschaft zueinander hingezogen.

Zuweilen sprachen sie kaum ein Wort miteinander; dann plauderten sie wieder stundenlang. Aber auch, wenn sie nicht miteinander sprachen, verstanden sie sich wunderbar; denn sie hatten denselben Geschmack und dieselben Empfindungen.

Im Frühling, morgens so gegen zehn Uhr, wenn die neubelebte Sonne ihre Strahlen auf den Fluss warf, dessen Fluten dieselben fortzutragen schienen, und zugleich im Rücken der beiden leidenschaftlichen Angler eine angenehme Wärme zu entwickeln pflegte, sagte Morissot hin und wieder zu seinem Nachbar: »Eine milde Luft, wie?«, und Herr Sauvage entgegnete: »Ich kenne nichts angenehmeres.« Hiermit war ihr Gespräch beendet; sie verstanden sich und ehrten ihre gegenseitigen Gefühle.

Und im Spätherbst gegen Abend, wenn der von der untergehenden Sonne gerötete Himmel seine Purpurwolken im Wasser widerspiegelte, den ganzen Fluss zugleich mit dem Horizont in Flammen setzte, das fahle Laub der Bäume vergoldete, die schon in winterlichem Rauschen erschauerten, dann schaute Herr Sauvage lächelnd seinen Freund Morissot an und sagte: »Welch herrliches Schauspiel!« Und Morissot – ohne das Auge von seinem Kork abzuwenden – entgegnete: »Das ist freilich schöner als auf dem Boulevard.«

*

Sobald sich die beiden Freunde wiedererkannt hatten, schüttelten sie sich heftig die Hände; beide waren tief bewegt, sich unter so ganz anderen Umständen wiederzufinden. »Ein trauriges Wiedersehen«, murmelte Herr Sauvage mit einem tiefen Seufzer. »Und welch ein Wetter!«, entgegnete Herr Morissot gedrückt. »Es ist heute der erste schöne Tag im neuen Jahre.«

Der Himmel war in der Tat ganz blau und strahlte im schönsten Sonnenlichte.

Traurig und träumerisch gingen sie nebeneinander.

»Und der Fischfang, wie?«, nahm Morissot das Gespräch wieder auf. »Welch schöne Erinnerung!«

»Wann werden wir wieder damit beginnen?«, frug Herr Sauvage.

Sie traten zusammen in ein Café ein und tranken einen Absinth; dann nahmen sie ihren Spaziergang auf dem Trottoir wieder auf.

Morissot blieb plötzlich stehen. »Noch ein Gläschen, wie?« Herr Sauvage war einverstanden. »Wie Sie denken.« Und sie traten in ein anderes Wein-Lokal.

Sie waren sehr angeregt, als sie das Lokal verließen, wie Leute, die noch nicht gefrühstückt haben, aber schon voll Alkohol sind. Die Luft war verhältnismäßig mild und ein schmeichelndes Lüftchen umkoste ihre Stirn.

»Wie wär's, wenn wir hingingen?«, sagte plötzlich Herr Sauvage, der in der freien Luft sich erst recht benebelt fühlte.

»Wohin?«

»Zum Angeln, meine ich.«

»Aber wo?«

»Auf unserer Insel natürlich. Die französischen Vorposten stehen nahe bei Colombes. Ich kenne den Oberst Dumoulin; man wird uns ohne Schwierigkeiten durchlassen.«

Morissot zitterte vor Begierde.

»Abgemacht«, sagte er »ich bin dabei.« Und sie trennten sich, um ihr Angelzeug zu holen.

Eine Stunde später befanden sich beide bereits unterwegs. Sie erreichten alsbald die Villa, die der Colonel bewohnte. Er lächelte über ihre Passion und willigte in ihr Begehren ein. Mit einem Durchlassschein versehen gingen sie weiter.

Bald hatten sie die Vorposten hinter sich, durchschritten das verlassene Colombes und befanden sich schließlich am Rande der kleinen Weinberge, welche sich am Hange der Seine befinden. Es war ungefähr elf Uhr. Das Dorf Orgenteuil gegenüber schien wie ausgestorben. Die Höhen von Argemont und Sannois beherrschen die ganze Umgebung. Die große Ebene, die sich mit ihren kahlen Kirschbäumen und ihren grauen Feldern bis Nanterre erstreckt, war leer, ganz leer.

»Da oben sind die Preußen«, sagte Herr Sauvage mit dem Finger auf die Hügel weisend. Diese menschenleere Gegend erfüllte die beiden Freunde mit einem unwillkürlichen Grauen.

»Die Preußen!« Sie hatten noch niemals welche gesehen. Aber sie spürten genug von ihnen seit Monaten, wie sie raubten, mordeten und plünderten, sie aushungerten und sich, unsichtbar wie sie waren, dennoch als allmächtige Herren bewiesen. Und eine Art abergläubischer Furcht gesellte sich zu dem Hasse, den sie gegen dieses unbekannte, siegreiche Volk empfanden.

»Wenn uns einige begegnen, was dann?«, stammelte Morissot.

»So bieten wir ihnen ein Gericht Fische an«, antwortete Herr Sauvage mit jenem echten Pariser Humor, der selbst in den schwierigsten Lagen die Oberhand behält.

Aber es war ihnen doch nicht so recht wohl zumute, sich ins freie Feld zu begeben; dieses weit und breit lastende Schweigen flößte ihnen Besorgnis ein.

»Gehen wir, vorwärts!«, entschied endlich Herr Sauvage. »Aber vorsichtig!« Und sie kletterten einen Weinberg hinab, mit vorgebeugtem Oberkörper, schleichend, jedes Gesträuch als Deckung benutzend, unruhig umherschauend und ängstlich auf jedes Geräusch lauschend.

Noch hatten sie einen Erdhaufen zu überklettern, um an das Ufer des Flusses zu gelangen. Sie begannen zu laufen und sobald sie am Ufer angekommen waren, versteckten sie sich in dem abgestandenen Röhricht.

Morissot legte das Gesicht an die Erde, um zu lauschen, ob man Marschtritte in der Umgebung vernehmen könnte. Nichts rührte sich indessen. Sie waren allein, ganz allein.

So beruhigt verlegten sie sich nun eifrig aufs Fischen.

Die Insel Marante ihnen gegenüber, welche ebenfalls wie abgestorben dalag, verbarg sie vor dem jenseitigen Ufer. Das kleine Restaurationsgebäude auf derselben war geschlossen, als wenn es seit Jahren nicht mehr benutzt gewesen wäre.

Herr Sauvage fing den ersten Gründling und gleich darauf Herr Morissot den zweiten. Alle Augenblicke zog einer von ihnen die Angelschnur heraus, an der ein silberglänzender Fisch zappelte. Sie machten in der Tat einen glänzenden Fang.

Vorsichtig legten sie ihre Beute in einen engmaschigen Netzbeutel zu ihren Füßen. Eine lebhafte Freude erfüllte sie; jene Freude, die man empfindet, wenn man sich einem langentbehrten Vergnügen zum ersten Male wieder hingibt.

Die Sonne schien warm auf ihre Schultern. Sie hörten nichts und dachten an nichts mehr. Die Welt ringsum war für sie vergessen. Sie widmeten sich ganz ihrem Fischfang.

Plötzlich erzitterte der Boden, wie von einem unterirdischen Geräusche. Es war der Donner von Geschützen.

Morissot wandte den Kopf und gewahrte jenseits des Ufers unten links die gewaltigen Umrisse des Mont-Valérien, vor dessen Front eine weiße Wolke schwebte: Der Pulverdampf, den er ausspie.

Alsbald folgte vom Gipfel der Feste ein zweiter Rauchausbruch, und nach einigen Augenblicken hörte man abermals Geschützdonner.

Dann folgten weitere Schläge und in regelmäßigen Zwischenräumen stieß der Berg seinen tödlichen Atem aus, und blies den milchweißen Dampf von sich, der langsam am klaren Himmel emporstieg und eine Wolke über seinem Gipfel bildete.

»Sie fangen wieder an«, sagte Herr Sauvage achselzuckend.

Morissot, der ängstlich das Auf- und Abtauchen des Federkiels an seinem Schwimmer beobachtete, wurde plötzlich von jenem heftigen Zorne ergriffen, den der friedliche Mensch gegen jene Unsinnigen empfindet, die so leidenschaftlich kämpfen. »Man muss wirklich besessen sein, um sich gegenseitig so umzubringen«, murmelte er.

»Es ist schlimmer als bei den Tieren«, entgegnete Herr Sauvage.

»Und zu denken, dass das so weitergehen wird, solange als es Regierungen gibt!«, rief Herr Morissot aus, der gerade einen Weißfisch gefangen hatte. »Die Republik würde den Krieg nicht erklärt haben …«, meinte Herr Sauvage.

»Bei den Königen«, unterbrach ihn Herr Morissot, »spielt der Krieg auswärts; bei der Republik hat man ihn im eigenen Lande.«

Und nun begannen sie eine gemütliche Unterhaltung über die schwierigsten politischen Streitfragen mit jenem gesunden Urteil, welches einfache ruhige Leute so oft zeigen, die sich darüber einig sind, dass man niemals wirklich frei ist. Der Mont-Valérien donnerte dazu ohne Unterlass, verwüstete französische Häuser, vernichtete Menschenleben, rottete zahllose Geschöpfe Gottes aus, zerstörte so manchen schönen Traum, so manche ersehnte Freude, und erweckte in den Herzen zahlloser Frauen, Mütter und Mädchen drüben in anderen Ländern endloses Herzeleid.

»Das ist das Leben«, sagte Herr Sauvage.

»Sagen Sie lieber: Der Tod«, entgegnete lachend Herr Morissot.

Aber plötzlich zuckten sie erschreckt zusammen, als sie hinter sich Fußtritte vernahmen. Sich umwendend, gewahrten sie dicht neben ihnen vier Männer, vier bewaffnete, große, bärtige Männer, in eine Art Livree wie Diener gekleidet und mit flachen Mützen bedeckt, welche, das Gewehr im Anschlag, sie beobachteten.

Die Angelruten entsanken ihren Händen und trieben den Fluss hinab.

In einem Augenblick waren sie ergriffen, gebunden, fortgeführt, in einen Kahn geworfen und nach der Insel überführt. Hinter dem Hause, welches sie für leer stehend gehalten hatten, bemerkten sie jetzt einige zwanzig deutsche Soldaten.

Eine Art zottiger Riese, der auf einem Stuhle reitend seine große Porzellanpfeife rauchte, fragte sie in gutem Französisch: »Nun meine Herren, sind Sie mit Ihrem Fischfang zufrieden?«

Ein Soldat legte das mit Fischen gefüllte Netz, welches er sorglich mitgebracht hatte, zu Füßen des Offiziers.

»Ah!«, machte der Preuße, »es ist gut gegangen, wie ich sehe. Aber nun von etwas anderem. Hören Sie mich ruhig an. In meinen Augen sind Sie zwei Spione, die zu meiner Beobachtung ausgesandt wurden. Ich habe Sie aufgegriffen und werde Sie erschießen lassen. Sie haben sich fischend gestellt, um ihre eigentliche Absicht zu verheimlichen. Nun sind Sie in meiner Gewalt. Um so schlimmer für Sie. Das ist nun mal im Kriege nicht anders.«

»Aber, da Sie über die Vorposten hinausgekommen sind, haben Sie für die Rückkehr sicher ein Losungswort. Geben Sie mir dasselbe, und ich lasse Gnade vor Recht ergehen.«

Die beiden Freunde standen bleich nebeneinander; ein leichtes nervöses Zittern bewegte ihre Hände. Aber sie schwiegen.

»Niemand wird etwas davon erfahren« nahm der Offizier wieder das Wort. »Sie werden unbehelligt nach Hause zurückkehren. Das Geheimnis wird mit Ihnen wieder verschwinden. Wenn Sie sich aber weigern, so ist das Ihr Tod, und zwar sofort. Also wählen Sie.«

Sie blieben regungslos, ohne den Mund zu öffnen.

»Bedenken Sie«, sagte der Offizier ruhig, mit der Hand nach dem Fluss deutend, »dass Sie in fünf Minuten auf dem Grunde des Wassers liegen werden. In fünf Minuten. Denken Sie an Ihre Angehörigen.«

Der Mont-Valérien donnerte weiter.

Die beiden Angler standen schweigend da. Der Deutsche erteilte in seiner Sprache einige Befehle. Dann schob er seinen Stuhl weiter zurück, um nicht zu nahe bei den Gefangenen zu sein. Zwölf Mann stellten sich, Gewehr bei Fuß, zwanzig Schritt vor ihnen auf.

»Ich gebe Ihnen eine Minute Zeit; keine Sekunde länger«, begann der Offizier wieder.

Dann erhob er sich plötzlich, näherte sich den beiden Franzosen, nahm Morissot beim Arm, führte ihn etwas fort, und sagte ihm leise: »Schnell das Losungswort. Ihr Kamerad wird nichts davon erfahren. Ich werde tun, als hätte ich mich anders besonnen.«

Morissot antwortete nichts.

Der Preuße wandte sich nun an Herrn Sauvage und stellte ihm dieselbe Frage.

Herr Sauvage antwortete nichts.

Nun standen beide wieder nebeneinander.

Der Offizier kommandierte; die Soldaten legten an.

Da fiel der Blick Morissots zufällig auf das Netz mit Fischen, welches einige Schritte vor ihnen im Grase liegen geblieben war. Ein Sonnenstrahl ließ den Fischhaufen erglänzen, in dem sich noch Leben rührte. Morissot fühlte eine Anwandlung von Schwäche. Seine Augen füllten sich trotz aller Anstrengung mit Tränen.

»Adieu Herr Sauvage«, murmelte er.

»Adieu Herr Morissot«, antwortete dieser.

Sie drückten sich die Hände, während ein unüberwindbares Zittern ihren ganzen Körper durchlief.

»Feuer!«, kommandierte der Offizier.

Wie auf einen Schuss knallten die zwölf Gewehre.

Herr Sauvage fiel wie ein Klumpen vornüber. Morissot, der etwas größer war, zuckte heftig, drehte sich um sich selbst und fiel quer über seinen Kameraden, das Gesicht zum Himmel gewandt, während das Blut aus seiner auf der Brust durchlöcherten Bluse rieselte.

Der Deutsche erteilte neue Befehle.

Seine Leute verschwanden und kamen bald darauf mit einigen Stricken und Steinen zurück, welch letztere sie an die Füße der beiden Toten banden. Dann schleppten sie dieselben ans Ufer.

Der Mont-Valérien hörte nicht auf zu grollen; er war jetzt wie ein Vulkan anzusehen.

Zwei Soldaten ergriffen Morissot am Kopf und bei den Füßen; zwei andere machten es ebenso mit Herrn Sauvage. Einen Augenblick schwenkten sie die leblosen Körper hin und her, dann schleuderten sie dieselben weit fort; sie beschrieben einen großen Bogen und tauchten dann aufrecht im Fluss unter, indem das Gewicht der Steine ihre Füße zuerst herabzog.

Das Wasser klatschte laut auf, schäumte, rauschte und beruhigte sich dann wieder, während kleine Kreise, immer größer werdend, sich bis zum Ufer hinzogen.

Ein leichter Blutstreifen färbte für einen Augenblick die klare Flut.

»Ein gutes Fressen für die Fische«, sagte halblaut der Offizier, den seine heitere Laune keinen Augenblick verlassen hatte.

Dann kehrte er ins Haus zurück.

Plötzlich bemerkte er die Fische in Netz wieder. Er hob sie auf, betrachtete sie lange und rief dann lachend: »Wilhelm!«

Ein Soldat mit einer weißen Schürze lief herbei. Der Preuße warf ihm das Netz mit den Fischen der beiden Erschossenen zu. »Du kannst mir gleich diese kleinen Tierchen da braten; sie sind noch ganz frisch. Sie werden köstlich schmecken.«

Dann rauchte er seine Pfeife weiter.

TOVE JANSSON
Berenice

Einen Sommer hatte Sophia einen eigenen Gast, ihre erste Freundin kam zu Besuch. Es war eine ziemlich neue Freundin, ein kleines Mädchen, dessen Haare Sophia bewunderte. Sie hieß Hjördis Evelyne, wurde aber Pipsa genannt.

Sophia erzählte ihrer Großmutter, dass Pipsa sich davor fürchte, nach ihrem richtigen Namen gefragt zu werden, und dass sie sich eigentlich vor allem fürchte und man deswegen sehr behutsam mit ihr umgehen müsse, und sie beschlossen, Pipsa zumindest nicht gleich zu Beginn mit irgendwelchen Sachen zu erschrecken, die sie bisher noch nie gesehen hatte.

Als Pipsa ankam, hatte sie die falschen Kleider an und trug Schuhe mit Ledersohlen, sie war viel zu wohlerzogen und ganz still, und ihre Haare waren so schön, dass es einem den Atem verschlug.

»Sind sie nicht schön?«, flüsterte Sophia. »Naturlocken.«

»Sehr schön«, sagte die Großmutter. Sie sahen einander an und nickten langsam, Sophia seufzte und erklärte: »Ich werde sie beschützen. Wir könnten doch einen geheimen Verein gründen, um sie zu beschützen. Das einzig Dumme ist, dass Pipsa nicht aristokratisch klingt.«

Die Großmutter schlug vor, das Kind Berenice zu nennen, natürlich nur innerhalb des Vereins. Berenice sei eine Königin gewesen, die wegen ihrer Haare berühmt wurde, und außerdem sei sie ein Sternbild.

Umgeben von dieser geheimen Bildersprache lief Pipsa, der Gegenstand vieler ernsthafter Gespräche, auf der Insel umher, ein ungewöhnlich kleines, verschrecktes Kind, das nicht allein sein konnte. Darum hatte Sophia es immerzu eilig, es gab kaum eine Minute, in der sie ihren Gast sich selbst zu überlassen wagte. Die Großmutter lag im Gästezimmer an der Rückseite des Hauses und hörte Sophia kommen, sie keuchte die Treppe herauf, platzte ungestüm ins Zimmer, setzte sich aufs Bett und flüsterte: »Sie macht mich wahnsinnig. Sie will nicht rudern lernen, weil sie sich nicht ins Boot traut. Sie sagt, das Wasser ist kalt. Was machen wir bloß mit Berenice!?« Sie hielten eine kurze Vereinssitzung über diese Angelegenheit ab, fassten bis auf Weiteres aber keinen Beschluss. Dann stürmte Sophia wieder hinaus.

Das Gästezimmer war nachträglich angebaut worden und hatte daher eine persönliche Form. Es presste sich dicht an die Rückseite des Hauses und hatte eine geteerte Innenwand, an der die Netze hingen und Ringbolzen und Seile und andere nützliche Sachen, die schon immer dort gehangen hatten. Die Decke war sehr schräg, da sie eine Fortsetzung des richtigen Daches war, außerdem stand das Zimmer auf Pfählen, weil der Fels zwischen dem Haus und dem Holzplatz in einen ehemaligen Sumpf abfiel. Wegen der Kiefer, die draußen wuchs, war das Gästezimmer nur gerade so lang geworden, dass ein Bett hineinpasste, es war mit anderen Worten nichts als ein sehr kurzer, blau gekalkter Flur, mit der Tür und den Kisten voller Nägel an einem Ende und einem viel zu großen Fenster am anderen. Das Fenster war irgendwo übrig geblieben und daher so groß ausgefallen, nach Westen hin war eine Ecke abgeschnitten, wegen der Dachschräge. Das Bett war weiß mit blaugoldenen Ornamenten. Unterm Gästezimmer lagerten Kanister mit Kohlenteer, Benzin und Holzschutzmittel, Holzreste, leere Kisten, Spaten, Brecheisen sowie ein paar ausgediente Fischkästen und sonstige Dinge, die noch zu gut waren, um weggeworfen zu werden. Also war das Gästezimmer ein sehr gemütlicher Raum, von allem Übrigen abgeschieden, weitere Einzelheiten brauchen nicht erwähnt zu werden. Die Großmutter kehrte zu ihrem Buch zurück und dachte nicht mehr an Berenice. Ein gleichmäßiger, sommerlicher Südwestwind blies schläfrig um das Haus und die Insel, die Großmutter hörte, dass drinnen im Haus der Wetterbericht lief, ein Sonnenfleck wanderte übers Fensterbrett.

Sophia riss die Tür auf, kam herein und verkündete: »Sie weint. Sie fürchtet sich vor Ameisen und glaubt, dass sie überall sind. Sie hebt die Beine, so, und stampft und weint und traut sich nicht, stehen zu bleiben. Was machen wir bloß mit ihr?«

Sie beschlossen, eine Bootsfahrt mit Berenice zu machen. Im Boot gab es keine Ameisen, und somit könnten sie das Mädchen von einer größeren Angst in eine kleinere locken. Danach las die Großmutter weiter.

Am Fußende ihres Bettes hing ein sehr hübsches Gemälde, das einen Eremiten darstellte. Es war eine aus einem Buch herausgeschnittene Farbreproduktion auf Glanzpapier, auf der eine Wüste in tiefer Dämmerung zu sehen war, nichts als Himmel und dürrer Erdboden. In der Mitte ein offenes Zelt, darin lag der Eremit in seinem Bett und las, neben sich hatte er einen Nachttisch mit einer Öllampe stehen. Ein sehr kleiner Lichtschein erhellte Zelt, Bett und Nachttisch. Weiter hinten in der Dämmerung ließ sich ein ruhender Löwe erahnen. Sophia hielt den Löwen für gefährlich, die Großmutter glaubte jedoch, dass der Löwe den Eremiten beschützte.

Bei Südwestwind entsteht leicht das Gefühl, dass die Tage einander ereignislos und ohne Veränderung ablösen, Tag und Nacht dasselbe gleichmäßige, ruhige Rauschen. Der Vater sitzt immer nur an seinem Tisch und arbeitet. Die Netze werden ausgelegt und wieder eingeholt. Jeder bewegt sich mit seinen eigenen Aufgaben auf der Insel, Aufgaben, die so selbstverständlich sind, dass man kein Wort über sie verliert, weder um Anerkennung noch um Sympathie zu gewinnen. Es ist einfach derselbe lange Sommer, immerzu, und alles wächst in seinem eigenen Takt weiter. Dass das Kind Berenice, wir nennen sie jetzt bei ihrem geheimen Namen, auf die Insel gekommen war, brachte Komplikationen mit sich, die niemand vorhergesehen hatte. Ihnen war nicht klar gewesen, dass das Wohnen auf der Insel mit all seinen Zufälligkeiten ein unteilbarer Block war. In ihrer zerstreuten Art zu leben und dem langsamen Verlauf des Sommers zu folgen hatten sie nie mit einem Gast gerechnet, und sie begriffen nicht, dass das Kind Berenice sich mehr vor ihnen fürchtete als vor dem Meer, den Ameisen und dem nächtlichen Wind in den Bäumen.

Am dritten Tag kam Sophia ins Gästezimmer und verkündete: »Jetzt geht es nicht mehr. Sie ist unmöglich. Ich habe sie dazu gebracht zu tauchen, aber das hat auch nicht geholfen.«

»Ist sie wirklich getaucht?«, fragte die Großmutter.

»Klar. Ich habe sie geschubst, und dann ist sie getaucht.«

»Aha«, sagte die Großmutter. »Und jetzt?«

»Ihre Haare vertragen kein Salzwasser«, erklärte Sophia betrübt. »Sie sehen schrecklich aus. Und dabei hatte ich die Haare doch so gern.«

Die Großmutter warf die Wolldecke ab, stand auf und nahm ihren Stock. Sie fragte: »Wo ist sie?«

»Auf dem Kartoffelacker«, sagte Sophia.

Die Großmutter ging allein quer über die Insel zum Kartoffelacker. Der Acker lag geschützt zwischen den Steinen etwas erhöht über dem Meer und hatte den ganzen Tag Sonne. Setzkartoffeln, wohlgemerkt die frühe Sorte, werden auf einem Bett aus Sand platziert und mit einer Schicht aus Tang bedeckt. Gegossen werden sie mit Salzwasser. Das Ergebnis sind saubere ovale Kartoffeln, ziemlich klein, mit einem rosa Glanz. Das Kind saß hinter dem größten Stein, halb versteckt unter den Kiefernzweigen. Die Großmutter setzte sich in einiger Entfernung hin und begann mit ihrer kleinen Schaufel zu graben. Die Kartoffeln waren noch zu klein, aber sie holte dennoch ungefähr zehn heraus. »So macht man das«, sagte sie zu Berenice. »Man steckt eine große rein und bekommt jede Menge kleine. Wenn man etwas länger wartet, werden sie alle groß.«

Berenice warf ihr einen hastigen Blick unter ihren wirren Haaren zu und sah dann wieder weg, sie interessierte sich nicht für Kartoffeln, sie interessierte sich für überhaupt nichts und niemand mehr.

Wenn sie ein bisschen größer wäre, dachte die Großmutter. Am besten ziemlich viel größer, dann könnte ich ihr erklären, dass ich verstehe, wie schlimm alles ist. Da landet man Hals über Kopf in einem festen Verband von Leuten, die immer zusammengelebt haben und sich auf dem Grund und Boden, den sie bis in die letzte Einzelheit kennen, mit dem Gewohnheitsrecht des Besitzers bewegen. Jede noch so kleine Bedrohung dessen, woran sie gewohnt sind, schweißt sie noch mehr zusammen und macht sie noch sicherer. Eine Insel kann entsetzlich werden für jemand, der von außen kommt. Alles ist fertig, jeder hat seinen Platz, eigensinnig, ruhig und selbstgenügsam. Hier spielt sich alles nach fest eingeschliffenen Ritualen ab, aber gleichzeitig stromern die Inselbewohner so launisch und zufällig durch ihre Tage, als würde die Welt am Horizont enden. Die Großmutter dachte so intensiv über das alles nach, dass sie sowohl die Kartoffeln als auch Berenice vergaß. Sie schaute zum windgeschützten Ufer und zu den Wellen, die die Insel an beiden Seiten umspülten und sich dann wieder vereinigten und zum Festland weiterrollten, eine lange blaue Landschaft aus verschwindenden Wellenkämmen, die nichts als eine kleine, keilförmige, ruhige Wasserfläche zurückließen. Ein Fischerboot mit großen weißen Schaumbärten überquerte die Förde.

»Aha!«, sagte die Großmutter. »Dort fährt ein Boot.« Sie sah zu Berenice hinüber, doch inzwischen hatte das Kind sich ganz und gar unter der Kiefer verkrochen. »Aha!«, sagte die Großmutter noch einmal. »Bösewichte im Anzug. Jetzt müssen wir uns verstecken.« Mit einiger Mühe kroch sie unter die Kiefer und flüsterte: »Schau an, da sind sie. Sie kommen hierher. Folge mir an einen Ort, wo es sicherer ist.« Sie kroch weiter über den Felsen, und Berenice kam in rasendem Tempo auf allen vieren hinter ihr her. Sie umrundeten das kleine Moor, wo die Rauschbeeren wuchsen, und landeten in einer Mulde mit Weidenbüschen. Die Mulde war feucht, aber da konnte man nichts machen.

»So«, sagte die Großmutter, »jetzt sind wir fürs Erste in Sicherheit.« Sie warf einen Blick auf Berenice' Gesicht und fügte hinzu: »Ich meine, wirklich in Sicherheit. Sie werden uns nie finden.«

»Warum sind das Bösewichte?«, flüsterte Berenice.

»Weil sie herkommen, um uns zu stören«, erklärte die Großmutter. »Wir sind Leute, die auf einer Insel wohnen, und alle, die herkommen, sollen gefälligst wegbleiben.«

Das Fischerboot fuhr weiter. Sophia lief überall herum und suchte, sie suchte eine halbe Stunde lang, und als sie die beiden endlich fand und sah, dass sie friedlich damit beschäftigt waren, Kaulquappen zu erschrecken, wurde sie böse. »Wo seid ihr gewesen!«, schrie sie. »Ich hab euch überall gesucht!«

»Wir haben uns versteckt«, erklärte die Großmutter.

»Wir haben uns versteckt«, wiederholte Berenice. »Wir lassen niemand herkommen.« Sie hielt sich sehr eng an die Großmutter und starrte Sophia unablässig an.

Sophia sagte nichts, sie machte auf dem Absatz kehrt und rannte davon.

Die Insel schrumpfte und wurde eng. Wo immer Sophia sich aufhielt, war ihr bewusst, wo die beiden waren, sie musste weite Umwege machen, um ihnen auszuweichen, und kaum waren sie verschwunden, sah sie sich gezwungen, sie zu finden, um wieder fortlaufen zu können.

Allmählich wurde die Großmutter müde und stieg die Treppe zum Gästezimmer hinauf. »Jetzt will ich eine Weile lesen«, sagte sie. »Spiel so lang mit Sophia.«

»Nein«, sagte Berenice.

»Na, dann spiel eben allein.«

»Nein«, sagte Berenice und hatte wieder Angst.

Die Großmutter holte einen Zeichenblock und einen Kohlestift und legte sie auf die Treppe. »Zeichne ein Bild«, sagte sie.

»Ich weiß nicht, was ich zeichnen soll«, antwortete das Kind.

»Zeichne was Schreckliches«, sagte die Großmutter, inzwischen war sie nämlich wirklich müde. »Zeichne das Schrecklichste, was du kannst, und zwar möglichst lange.«

Dann machte sie die Tür mit Nachdruck zu, legte sich aufs Bett und zog sich die Decke über den Kopf. Der Südwestwind rauschte ruhig und fern über die Ufer herein und umschloss den Mittelpunkt der Insel – das Gästezimmer und den Holzplatz.

Sophia zog den Fischkasten ans Fenster und kletterte hinauf, sie klopfte dreimal lang und dreimal kurz an die Scheibe. Als die Großmutter sich aus ihren Decken herausgeschält und das Fenster einen Spalt weit geöffnet hatte, teilte Sophia mit, sie sei aus dem Verein ausgetreten. »Diese Pipsa!«, sagte sie. »Solche Pipsen interessieren mich nicht! Was macht sie jetzt?«

»Sie zeichnet. Sie zeichnet das Schrecklichste, was sie weiß.«

»Sie kann nicht zeichnen«, flüsterte Sophia leidenschaftlich. »Hast du ihr meinen Block gegeben? Warum soll sie überhaupt zeichnen?«

Das Fenster wurde mit einem Knall geschlossen, und die Großmutter legte sich auf den Rücken. Dreimal kam Sophia zurück, jedes Mal mit einem schrecklichen Bild, das sie so an die Scheibe klebte, dass die Zeichnung ins Gästezimmer sah. Das erste Bild stellte ein Kind mit hässlichen Haaren dar, das schreiend dastand, während große Ameisen an ihm hinaufkrabbelten. Auf dem zweiten war dasselbe Kind zu sehen, diesmal war es von einem Stein am Kopf getroffen. Das dritte war ganz einfach ein Schiffbruch, daher nahm die Großmutter an, dass das Ganze jetzt abreagiert sei. Als sie ihr Buch aufschlug und endlich die Stelle wiederfand, wo sie letztes Mal aufgehört hatte, wurde ein Blatt Papier durch den Schlitz unter der Tür durchgeschoben.

Berenice' Zeichnung war gut, sie war in einer Art sorgfältiger Raserei ausgeführt und stellte ein Geschöpf dar, dessen Gesicht aus einem schwarzen Loch bestand. Dieses Geschöpf bewegte sich mit hochgezogenen Schultern vorwärts und hatte Arme wie lange, gespreizte Fledermausflügel. Sie fingen oben am Hals an und schleiften an beiden Seiten über den Boden, als Stütze für den unförmigen, beinlosen Körper, oder möglicherweise auch als Behinderung. Das Bild war so schrecklich und so ausdrucksvoll, dass die Großmutter die Tür öffnete und voller Bewunderung rief: »Das ist gut! Das ist eine wirklich gute Zeichnung!« Dabei sah sie das Kind nicht an, nur die Zeichnung, und ihre Stimme klang weder freundlich noch ermunternd.

Berenice blieb auf der Treppe sitzen, ohne sich umzudrehen. Sie nahm ein Steinchen und warf es in die Luft, danach erhob sie sich und ging mit langsamen, gemessenen Bewegungen zum Ufer hinunter. Sophia stand auf dem Holzplatz und wartete.

»Was macht sie jetzt?«, erkundigte sich die Großmutter.

»Sie wirft Steine ins Wasser«, sagte Sophia. »Sie geht auf die Inselspitze hinaus.«

»Gut«, sagte die Großmutter. »Komm her und sieh dir an, was sie gezeichnet hat. Was sagst du dazu?«

»Na ja«, sagte Sophia.

Die Großmutter befestigte das Bild mit zwei Heftzwecken an der Wand und sagte: »Eine ausgezeichnete Idee. Und jetzt lassen wir sie in Ruhe.«

»Kann sie denn zeichnen?«, fragte Sophia düster.

»Nein«, erwiderte die Großmutter, »vermutlich nicht. Bestimmt gehört sie zu den Leuten, die eine einzige gute Sache hinkriegen und danach nichts mehr.«

WILLIAM TREVOR
Der Schüler der Klavierlehrerin

»Der Brahms?«, fragte sie. »Wollen wir uns durch den Brahms kämpfen?«

Der Junge, der gerade seine erste Stunde bei Miss Nightingale nahm, sagte nichts. Doch als er auf das stumme Metronom schaute, lächelte er ein wenig, so als behage ihm dessen Stummheit. Dann berührten seine Finger die Klaviertasten, und sobald die ersten Töne erklangen, wusste Miss Nightingale, dass sie sich in der Gegenwart eines Genies befand.

Mittlerweile Anfang fünfzig, schlank, mit sanfter Stimme und von einer ruhigen Schönheit, die ihre Züge auszeichnete, fand Miss Elizabeth Nightingale, dass sie sich glücklich schätzen durfte. Nach dem Tod ihres Vaters hatte sie ein Haus geerbt und konnte, ohne geizen zu müssen, von ihren Einkünften als Klavierlehrerin leben. Sie hatte die Leidenschaft der Liebe kennengelernt.

Vielleicht hätte sie heiraten können, doch das hatten die Umstände nicht erlaubt: Stattdessen war sie sechzehn Jahre lang von einem Mann aufgesucht worden, der sich, wie sie glaubte, von der Ehefrau, die ihm nichts bedeutete, eines Tages befreien würde. Das war nicht geschehen, und als die Liebschaft endete, hatte Miss Nightingale dies zwar schmerzlich bedauert, doch nachgetragen hatte sie es ihrem Geliebten nicht, denn immerhin blieb ihr die Erinnerung an ein Glück.

Miss Nightingales Vater, ein Chocolatier, der gleich nach ihrer Geburt Witwer geworden war, hatte seine Tochter allein großgezogen. Sie wurden Gefährten und blieben es bis zu seinem Tod, wenn er auch von der Affäre, die sich während seiner täglichen Abwesenheit im Haus über so lange Zeit hingezogen hatte, nie etwas ahnte. Jene Liebe und die Aufopferung ihres Vaters waren Erinnerungen, die Miss Nightingales jetzige Einsamkeit aufhellten und ihrem Leben Kontur verliehen. Die Erregung jedoch, die sie empfand, als ihr neuer Schüler ihr vorspielte, gehörte der Gegenwart an, war frisch und neu und heftig: Nie zuvor hatte sie in einem Kind Genialität verspürt.

»Nur ein bisschen zu schnell.« Die Bemerkung machte sie erst, als das Stück, das sie vorgeschlagen hatte, zu Ende war. »Und denk an das Pianissimo.« Um zu verdeutlichen, welche Stelle sie meinte, berührte sie die Noten mit der Spitze ihres Bleistifts.

Der Junge antwortete nicht, sondern lächelte nur, genau wie zuvor. Sein dunkles, nicht allzu kurz geschnittenes Haar trug er in einer Ponyfrisur. Seine Haut war zart, makellos, weiß wie Papier. Auf die Brusttasche seines Blazers war ein Abzeichen aufgenäht, ein langschnabeliger Vogel, der seine Jungen fütterte. Der Blazer selbst war marineblau, das Abzeichen rot, in den Augen von Miss Nightingale alles eher hässlich.

»Du wirst es etwas langsamer einüben, nicht wahr?«, sagte sie.

Sie sah zu, wie der Junge aufstand und nach den Noten griff. Er ließ sie in seine Mappe fallen.

»Nächsten Freitag?«, fragte sie und erhob sich ebenfalls. »Zur gleichen Zeit?«

Er nickte mit einer Beflissenheit, die bloße Höflichkeit hätte sein können; doch sie spürte, dass dem nicht so war. Seine scheue Art war ihr eine Freude, ganz anders als das endlose Geplapper ihrer langweiligeren Schüler. Seine Mutter hatte gesagt, er habe bereits mehrere Klavierlehrer gehabt, und dabei selbst so schnell geplappert, dass Miss Nightingale kaum verstand, weshalb er von einem zum nächsten geschickt worden war. Sie hatte sich ganz professionell danach erkundigt, jedoch nichts in Erfahrung bringen können.

Sie ging voran aus dem Zimmer und reichte dem Jungen von der Garderobe seine Mütze, die das gleiche Vogelemblem aufwies. An der geöffneten Tür blieb sie einen Augenblick stehen und beobachtete, wie er die Gartenpforte hinter sich schloss. Sie fragte sich, ob ihm wohl kalt war in seiner kurzen Hose. Seine Knie über den grauen Wollsocken, an deren Saum sich das Blau und Rot seines Blazers und seiner Mütze wiederholte, wirkten verletzlich und zerbrechlich. Er winkte, und sie winkte zurück.

An diesem Abend kam kein weiteres Kind mehr, und Miss Nightingale war froh. Sie räumte das Wohnzimmer auf, nahm es nach all den Besuchern unter der Woche wieder in Besitz. Bis Montagmorgen um zehn Uhr, wenn die begriffsstutzige Francine Morphew kommen würde, wäre es wieder ihr Eigen. Klavier, Sofa und Sessel drängten sich in dem kleinen Raum. Auf dem Kaminsims paradierten zu beiden Seiten einer Reiseuhr Soldatenfiguren aus Staffordshire-Porzellan. Zwischen Aquarellen und Fotografien zierten Gefäßdeckel und gerahmte Gießformen für Pralinen, die ihr Vater gesammelt hatte, die Wände. Auf dem Couchtisch und auf dem Eckregal bei der Tür standen Vasen mit Osterglocken.

Nachdem sie aufgeräumt hatte, schenkte sich Miss Nightingale ein Glas Sherry ein. Falls die Mutter anrief, um sich nach den Fortschritten des Jungen zu erkundigen, würde sie ihr nichts verraten. Es war ein Geheimnis, das sie mit niemandem als dem Jungen selbst teilen wollte, eine stillschweigende Übereinkunft zwischen ihnen beiden, etwas, das nicht an die große Glocke gehängt werden durfte. Die Mutter war eine einfältige Frau.

Nachdem Miss Nightingale eine Weile dagesessen hatte, schaltete sie den elektrischen Heizofen ein, denn der Aprilabend war kühl geworden. Sie fühlte sich warm und glücklich, es schien, als wären Jahre der Ermunterung und der Unterweisung – meist Kindern ohne Talent oder Interesse offeriert – endlich von Erfolg gekrönt. So bescheiden sein Auftreten war, in diesem Jungen steckten ungeschriebene Symphonien, Suiten, Konzerte und Oratorien. Sie wusste es; sie brauchte nicht einmal nachzudenken.

Während es dunkler wurde, ihr zweites Glas Sherry war fast gänzlich zur Neige gegangen, blieb Miss Nightingale noch ein paar Minuten länger sitzen. Ihr ganzes Leben, so dachte sie oft, hatte sich in diesem Zimmer abgespielt, wo ihr Vater sie als Kleinkind verhätschelt, sie durch die Stürme der Adoleszenz geleitet hatte, wohin er ihr aus seinen Küchen allabendlich eine eigens für sie kreierte neue

Praline mitgebracht hatte. Hier hatte sich ihr Geliebter auf sie gepresst und geflüstert, wie schön sie sei, hatte geschworen, ohne sie nicht leben zu können. Und nun war, in ebendiesem Zimmer, ein Wunder geschehen.

Durch das Halbdunkel tastete sie sich zum Lichtschalter an der Tür. Gewiss würde das Zimmer, so reich an Echos und Erinnerungen, auch von diesem Nachmittag beeinflusst werden. Wie könnte es das alte bleiben?

Doch als Miss Nightingale das Licht anknipste, hatte sich nichts verändert. Erst als sie die Vorhänge zuzog, bemerkte sie einen Unterschied. Auf dem Tisch am Fenster fehlte die kleine Schnupftabaksdose mit dem fremden Wappen.

Am nächsten Freitag verschwand ein Porzellanschwan, danach der Gefäßdeckel mit einer Szene aus *Große Erwartungen* und schließlich ein Ohrring, den sie abgenommen hatte, da der Verschluss beschädigt war. Ein Schal, zu dünn, um für einen Jungen von Nutzen zu sein, hing, als sie eines Samstagmorgens nach ihm suchte, nicht mehr an seinem Garderobenhaken. Zwei der Soldaten aus Staffordshire-Porzellan waren fort.

Sie wusste nicht, wie er es anstellte. Sie ließ ihn nicht aus den Augen, sah aber nichts. Sie sagte auch nichts, und der Junge selbst war so ungerührt von dem, was vor sich ging, so unbeeindruckt von seinem eigenen Verhalten, dass sie sich zu fragen begann, ob sie sich womöglich täuschte, ob nicht einer ihrer weniger reizvollen Schüler der Langfinger sein könnte; oder gar, ob sie erst jetzt das Fehlen von Dingen bemerkt hatte, die ihr über einen längeren Zeitraum entwendet worden waren. Doch nichts davon ergab Sinn, und ihre halbherzigen Ausflüchte zerfielen. Als er die *Préludes* von Chopin zu spielen begann, war der Briefbeschwerer mit dem Rosenblütenblatt noch da. Nachdem sie ihn an der Tür verabschiedet hatte, war er verschwunden.

Mit ihm zusammen war sie keine Lehrerin, denn es gab so wenig, was sie ihn lehren konnte, und doch wusste sie, dass er ihre Gegenwart schätzte, dass sie ihm als Ein-Personen-Publikum mehr bedeutete als die Kommentare, die sie abgab. Sie fragte sich sogar, ob er sich womöglich zu Dingen verhalf, weil er sie als Honorar für seine Darbietung ansah? Derart kindische Phantasien waren nichts Ungewöhnliches, hatte sie doch selbst zu Vorspiegelung und Verstellung geneigt. Doch auch das schloss sie aus, weil sie spürte, dass es nicht zutraf.

Nachts lag sie wach; war sie endlich eingeschlafen, nährten ihre Bestürzung und ihre Fassungslosigkeit unbarmherzig lebhafte Träume. In diesen war der Junge unglücklich, und sie wollte ihn trösten, ihn, wenn er seine Stücke zu Ende gespielt hatte, dazu bringen, mit ihr zu reden. In endloser Wiederholung versuchte sie ihm anzuvertrauen, dass sie der besonderen Schachtel ihres Vaters einmal eine Praline entnommen hatte, vermochte es aber nicht; und wenn sie, wieder wach, in der Dunkelheit dalag, merkte sie, dass sie nie gekannten Gedanken anheimfiel. Sie fragte sich, ob ihr Vater wirklich so gewesen war, wie er nach außen gewirkt hatte, ob der Mann, den sie so lange bewundert und geliebt hatte, ihre Zuneigung ausgenutzt hatte. Waren die Pralinen ihres Vaters ein Anreiz gewesen, bei ihm im Haus zu bleiben, war es verkappter Eigennutz? Hatte der Mann, der seine Frau betrogen hatte, auch seine Geliebte betrogen, weil Betrug zu seinem Wesen gehörte? Waren in die Leidenschaft, die es zweifellos gegeben hatte, Lügen eingestreut gewesen?

In der Dunkelheit schob sie all dies von sich, ohne zu wissen, woher es kam oder weshalb es mit den jetzigen Vorfällen verknüpft schien; und doch kehrte es immer wieder zurück, so als werfe eine Wahrheit, die sie nicht begriff, ihr Licht auf Schatten, die sie früher getäuscht hatten. War Diebstahl belanglos? Die entwendeten Gegenstände waren so klein, und es blieb so viel zurück. Falls sie es ansprach, würde ihr Schüler nicht mehr wiederkommen, selbst wenn sie sogleich hinzufügte, dass sie ein so geringfügiges Vergehen verzeihe. So wenig sie auch sonst wusste, dessen war sie sich sicher; und oft schaute sie gar nicht erst nach, um herauszufinden, was fehlte.

Der Frühling jenes Jahres wich dem Sommer, einer Hitzewelle staubtrockener Tage, die bis zu den Regenfällen im Oktober anhielt. Die ganze Zeit hindurch klingelte es freitagnachmittags an der Tür, und dann stand er da, der stumme Junge, der seine Mütze auf die Garderobe legte, sich an ihr Klavier setzte und sie mitnahm ins Paradies.

Auch Miss Nightingales andere Schüler kamen und gingen, doch nur der Junge bat nie um einen anderen Tag, eine andere Uhrzeit. Nie hatte er einen Brief dabei, nie brachte er eine Ausrede vor, nie stellte er Unfug an, den sie ohnehin gleich durchschaut hätte. Graham erzählte von seinen Haustieren, um das Vorspielen eines Stückes hinauszuzögern, das er nicht geübt hatte, Diana weinte, Corins Finger schmerzten, Angela gab auf. Und dann kam, im gleichmäßigen Verlauf der Zeit, ein weiterer Freitag und nahm als glückseliger Nachmittag seinen Platz im Zentrum ihres Lebens ein. Doch jedes Mal, wenn der Junge gegangen war, lag eine Art Spott in der leise nachhallenden Musik.

Die Jahreszeiten wechselten, dann wechselten sie ein weiteres Mal, bis der Junge eines Tages nicht mehr wiederkam. Den Klavierstunden und seiner Schule war er entwachsen und wohnte inzwischen woanders.

Sein Ausbleiben bescherte Miss Nightingale Gelassenheit; und auch das Fortschreiten der Zeit besänftigte ihre Unruhe. Falls ein einsamer Vater ein selbstsüchtiger Mann gewesen war, so wog der Gedanke mittlerweile weniger schwer als früher, als er noch roh gewesen war. Falls ein geliebter Liebhaber die Liebe missachtet hatte, so wog im tröstlichen Rückblick auch dies weniger schwer. Auch ein Opfer des Jungen war sie gewesen, der ihr eine andere Art Fingerfertigkeit vorgeführt hatte. Sie war ein Opfer ihrer selbst gewesen, ihrer fahrlässigen Gutgläubigkeit, ihres Wunsches, dem Augenschein zu trauen. All dies, spürte sie, traf zu. Irgendetwas aber quälte sie noch immer. Fast glaubte sie ein Anrecht darauf zu haben, es besser zu begreifen.

Lange danach kehrte der Junge zurück – grober, größer, ruppiger, in ungelenker Adoleszenz. Er kam nicht, um ihr ihr Eigentum zurückzugeben, sondern stiefelte geradewegs herein, setzte sich hin und spielte ihr vor. Das Mysterium der Musik lag auch in seinem Lächeln, als er endete und auf ihre Billigung wartete. Und als sie ihn anschaute, begriff Miss Nightingale, was sie zuvor nicht begriffen hatte: Dieses Mysterium war ein Wunder in sich selbst. Sie hatte kein Recht darauf. Als sie zu begreifen versuchte, wie sich menschliche Hinfälligkeit mit Liebe verband oder mit jener Schönheit, die den Begabten innewohnte, hatte sie zu viel angestrebt. Jetzt war ein Ausgleich gefunden; das war genug.

JOHN IRVING
Owen Meany

Am Tag nach Thanksgiving machten wir vier so viel Krach auf dem Speicher, dass wir nicht hörten, wie Owen Meany die Treppe heraufgeschlichen kam und die Falltür öffnete. Ich kann mir vorstellen, was Owen dachte; wahrscheinlich wartete er darauf, dass wir ihn bemerkten, so dass er sich nicht selbst bemerkbar machen musste – damit nicht das allererste, das die drei von ihm zu hören bekamen, diese fürchterliche Stimme war. Andererseits war sein Anblick, so klein und seltsam, möglicherweise ein genauso großer Schock für sie. Owen musste diese beiden Möglichkeiten sorgfältig abgewogen haben: ob er nun etwas sagen sollte, was auf jeden Fall verblüffend wirkte, oder ob er warten sollte, bis jemand ihn sah, was vielleicht noch mehr Verblüffung hervorrufen würde. Owen sagte mir später, dass er einfach dastand, neben der Tür – die er absichtlich laut zugemacht hatte, in der Hoffnung, die *Tür* würde unsere Aufmerksamkeit erregen. Doch wir hörten nicht, wie sie zufiel.

Simon trampelte wie besessen auf dem Fußpedal der alten Nähmaschine herum, sodass Nadel und Spule vor unseren Augen verschwammen, und Noah hatte es geschafft, einen Arm von Hester so weit vorzuschieben, dass der Ärmel ihrer Bluse an den alten Flicken, auf dem sie vorher herumgenäht hatte, angeheftet wurde und dass sie ihre Bluse ausziehen musste, um sich von der Nähmaschine zu befreien, die Simon, der außer Rand und Band war, um keinen Preis stillstehen lassen wollte. Owen sah zu, wie Noah Simon auf die Ohren schlug, um ihn dazu zu bringen, endlich vom Fußpedal abzulassen, und Hester stand in ihrem T-Shirt da, angespannt und ganz rot im Gesicht, und jammerte über ihre einzige weiße Bluse, aus der sie nun ein purpurrotes eigenwilliges Muster wieder herauszupfen musste. Und ich sagte gerade, wenn wir nicht sofort mit dem Krawall aufhören würden, dann könnten wir uns auf eine Tirade von Großmutter gefasst machen – über den Verkaufswert ihrer antiken Nähmaschine.

Die ganze Zeit stand Owen Meany an der Falltür und beobachtete uns – war abwechselnd drauf und dran, seinen ganzen Mut zusammenzunehmen und sich vorzustellen, oder aber nach Hause zu rennen, ehe einer von uns seine Anwesenheit bemerkte. In diesem Augenblick müssen ihm die drei schlimmer vorgekommen sein, als er sie sich in seinen allerschlimmsten Träumen ausgemalt hatte. Es war schockierend zu sehen, wie sehr Simon es liebte, geschlagen zu werden; nie habe ich einen Jungen gesehen, dessen einziger Widerstand dagegen, regelmäßig von einem älteren Bruder geschlagen zu werden, darin bestand, es hingebungsvoll zu genießen. So wie er es liebte, sich Berge hinabkullern zu lassen, von Sägemehlhügeln hinuntergestoßen zu werden und beim Skilaufen immer nur ganz knapp an den Bäumen vorbeizurasen, blühte Simon unter dem Hagel von Noahs Schlägen auf. Noah musste ihn fast immer blutig schlagen, ehe er um Gnade bat – und wenn

Blut floss, hatte Simon irgendwie gewonnen; dann musste Noah sich schämen. Und jetzt schien Simon sich dem Ziel verschrieben zu haben, die Nähmaschine kaputt zu treten – er klammerte sich mit beiden Händen an der Tischplatte fest, hatte die Augen vor Noahs prügelnden Fäusten fest geschlossen, und strampelte so wild mit den Knien, als rase er in einem zu kleinen Gang mit dem Fahrrad einen steilen Berg hinunter. Die Brutalität, mit der Noah auf seinen Bruder einschlug, hätte wohl jedem außenstehenden Beobachter den Blick für Noahs in Wahrheit ruhige und ausgeglichene Art und seinen durchweg ehrenwerten Charakter verstellen können. Noah hatte gelernt, dass das Prügeln seines Bruders ein Vorgang war, der Geduld, Entschlossenheit und strategisches Denken verlangte – es hatte keinen Zweck, Simon die Nase zu schnell blutig zu schlagen; besser schlug man ihn dort, wo es zwar weh tat, aber nicht zu schnell blutete; besser versuchte man, ihn weichzuklopfen.

Doch ich vermute, dass Hester Owen am meisten beeindruckte. Wie sie so im T-Shirt dastand, konnte es keinen Zweifel geben, dass sie eines Tages einen beeindruckenden Busen haben würde; der frühe Ansatz dazu war ebenso deutlich sichtbar wie ihr männlicher Bizeps. Und wie sie mit den Zähnen den Faden aus ihrer ruinierten Bluse riss – wobei sie fauchte und fluchte, als würde sie die Bluse gleich auffressen –, muss Owen Meany die Gefährlichkeit ihres Mundes in vollem Umfang deutlich gemacht haben; in diesem Augenblick war ihre Raubtiernatur recht augenfällig.

Natürlich hatte mein Flehen hinsichtlich der unvermeidlichen großmütterlichen Vorwürfe nicht nur nichts gefruchtet, es wurde genauso wenig zur Kenntnis genommen wie Owen Meany, der mit hinter dem Rücken gefalteten Händen dastand. Durch das Dachfenster schien die Sonne auf seine durchsichtigen Ohren, die eine glühend rosa Farbe angenommen hatten – das Licht war so hell, dass die winzigen Venen und Blutgefäße in seinen Ohren wie von innen beleuchtet schienen. Die kräftige Morgensonne strahlte von oben und schräg von hinten so auf seinen Kopf, dass es schien, als wolle sie ihn uns mit ihrem Licht darbieten. Voller Verzweiflung darüber, dass keiner meine Warnung zur Kenntnis nahm, schaute ich von der Nähmaschine auf und sah Owen neben der Falltür stehen. Wie er seine Hände hinter dem Rücken gefaltet hatte, sah er aus wie Watahantowet, ohne Arme, und in dem grellen Sonnenlicht wirkte er wie ein Zwerg, den man soeben aus einem Feuer herausgezogen hat und dessen Ohren noch glühen. Ich holte tief Luft, und Hester – den geifernden Mund voller lila Fäden – schaute in diesem Moment auf und sah Owen auch. Sie schrie.

»Ich glaubte einfach nicht, dass er ein menschliches Wesen war«, sagte sie mir später. Und von diesem Augenblick an, in dem er die drei kennenlernte, habe ich mir oft die Frage gestellt, inwieweit Owen nun wirklich ein menschliches Wesen war; zweifellos sah er in dem gleißenden Sonnenlicht, das durch das Dachfenster drang, wie ein vom Himmel herabgestiegener Engel aus – ein kleiner, aber feuriger Gott, gesandt, über unsere Irrwege zu richten.

Als Hester losschrie, jagte sie Owen solche Angst ein, dass er zurückschrie – und als Owen schrie, schlossen die drei nicht nur zum ersten Mal Bekanntschaft mit seiner ungewöhnlichen Stimme; sie erstarrten in ihren Bewegungen. Die Nackenhaare sträubten sich ihnen, und sie standen stocksteif da – als hörten sie, wie eine Katze langsam von einem Auto überfahren wurde. Und von tief unten, aus einem weit abgelegenen Teil des großen Hauses, klang die Stimme meiner Großmutter herauf: »Grundgütiger Himmel, das war wieder dieses Kind!«

Ich versuchte, Luft zu holen und zu sagen: »Das ist mein bester Freund, der, von dem ich euch schon erzählt habe«, denn ich hatte noch nie gesehen, dass die drei jemanden so anstarrten, mit weit aufgerissenem Mund – noch dazu, in Hesters Fall, mit einem Mund, aus dem lila Fäden hervorquollen –, doch Owen war schneller.

»ICH HAB EUCH WOHL BEIM SPIELEN GESTÖRT«, sagte Owen. »ICH HEISSE OWEN MEANY UND BIN JOHNNYS BESTER FREUND. VIELLEICHT HAT ER EUCH SCHON ALLES ÜBER MICH ERZÄHLT. ICH HABE JEDENFALLS SCHON ALLES ÜBER EUCH GEHÖRT. DU MUSST NOAH SEIN, DER ÄLTESTE«, sagte Owen; er streckte Noah seine Hand hin, der sie stumm schüttelte. »UND DU BIST BESTIMMT SIMON, DER ZWEITÄLTESTE – ABER DU BIST GENAUSO GROSS UND SOGAR NOCH EIN BISSCHEN WILDER ALS DEIN BRUDER. HALLO SIMON«, sagte Owen und streckte Simon die Hand hin, der von seiner wilden Reise auf der Nähmaschine noch keuchte und schwitzte, Owens Hand jedoch sofort ergriff und sie schüttelte. »UND DU BIST NATÜRLICH HESTER«, fuhr Owen mit abgewandten Augen fort, »ICH HAB SCHON VIEL VON DIR GEHÖRT, UND DU BIST GENAUSO HÜBSCH, WIE ICH ERWARTET HABE.«

»Vielen Dank«, murmelte Hester, zupfte sich die Fäden aus dem Mund und stopfte sich ihr T-Shirt zurück in die Jeans.

Sie starrten ihn an, und ich befürchtete schon das Schlimmste; doch plötzlich erkannte ich, was es mit Kleinstädten auf sich hat. Dort wächst man mit Absonderlichkeiten auf – man wohnt schon so lange direkt neben dem Ungewöhnlichen und Unglaublichen, dass alles und jeder ganz normal wird. Noah, Simon und Hester waren zugleich Kleinstädter und Außenseiter; sie waren nicht mit Owen Meany aufgewachsen, der ihnen so fremdartig war, dass er ihnen Ehrfurcht einflößte – und dennoch war die Wahrscheinlichkeit, dass sie sich auf ihn stürzen oder Methoden austüfteln würden, um ihn zu quälen, genauso groß wie die, dass eine Herde Kühe eine Katze anfällt. Und zu der Helligkeit des Sonnenlichtes, das auf ihn fiel, kam noch hinzu, dass Owens Gesicht knallrot war – offensichtlich pochte ihm von seiner Fahrradtour in die Stadt das Blut in den Schläfen; Ende November war eine Fahrradfahrt den Maiden Hill abwärts, wenn der Wind wie meist direkt vom Fluss her wehte, bitter kalt. Und schon vor Thanksgiving war es so kalt gewesen, dass der Süßwasserteil des Flusses zufror; die ganze Strecke von Gravesend bis Kensington Corner bestand aus Glatteis.

»ALSO, ICH HAB MIR ÜBERLEGT, WAS WIR MACHEN KÖNNTEN«, verkündete Owen, und meine wilden Verwandten widmeten ihm ihre ungeteilte Aufmerksamkeit. »DER FLUSS IST ZUGEFROREN, ALSO KÖNNTE MAN GANZ TOLL EISLAUFEN, UND ICH WEISS, DASS IHR SO SPORTLICHE SACHEN MÖGT – DASS IHR TEMPO UND GEFAHR UND

KALTES WETTER MÖGT. ALSO KÖNNTEN WIR ZUM BEISPIEL EISLAUFEN GEHEN«, sagte er, »UND OBWOHL DER FLUSS ZUGEFROREN IST, GIBT ES SICHER EIN PAAR RISSE, UND BESTIMMT AUCH EIN PAAR RICHTIGE LÖCHER – LETZTES JAHR BIN ICH IN EINS REINGEFALLEN. ICH KANN NICHT BESONDERS GUT EISLAUFEN, ABER ICH KÄME GERNE MIT, WENN ICH AUCH EBEN ERST EINE GRIPPE GEHABT HABE UND BEI DIESEM WETTER EIGENTLICH NICHT ZU LANGE DRAUSSEN BLEIBEN SOLLTE.«

»Nein!«, sagte Hester. »Wenn du eben erst eine Grippe gehabt hast, solltest du drinnen bleiben. Wir sollten drinnen spielen. Wir müssen ja nicht eislaufen gehen. Wir gehen sowieso ständig eislaufen.«

»Genau!«, stimmte Noah ihr zu. »Wir sollten drinnen spielen, wenn Owen noch erkältet ist.«

»Drinnen ist in Ordnung!«, sagte Simon. »Owen soll erst seine Grippe loswerden.« Vielleicht waren die drei erleichtert, dass Owen eben erst »eine Grippe gehabt hatte«, weil sie dachten, das erkläre diese hypnotisierende, schreckliche Stimme wenigstens zum Teil; ich hätte ihnen sagen können, dass Owens Stimme nicht das Geringste mit seiner Grippe zu tun hatte – von der ich im Übrigen nichts gewusst hatte –, doch ich war so erleichtert, dass sie sich anständig benahmen, dass ich nicht das geringste Verlangen verspürte, Owens Wirkung auf sie zu beeinträchtigen.

»ALSO ICH FINDE AUCH, DASS DRINNEN AM BESTEN WÄRE«, meinte Owen, »UND LEIDER KANN ICH EUCH WIRKLICH NICHT ZU MIR NACH HAUSE EINLADEN, WEIL MAN BEI MIR DAHEIM EIGENTLICH GAR NICHTS ANFANGEN KANN UND WEIL MEIN VATER EINEN GRANIT-

STEINBRUCH HAT, IST ER ZIEMLICH PINGELIG, WAS DIE WERKZEUGE UND DEN STEINBRUCH ANGEHT, ABER DAS IST JA EH ALLES DRAUSSEN. UND DRINNEN WÄRE ES BEI MIR NICHT SO SCHÖN, WEIL MEINE ELTERN ZIEMLICH KOMISCH SIND, WENN ES UM KINDER GEHT.«

»Das geht schon in Ordnung!«, rief Noah.

»Macht nichts«, meinte auch Simon. »Hier in diesem Haus können wir genug spielen.«

»Alle Eltern sind ziemlich komisch«, sagte Hester begütigend, nur mir fiel beim besten Willen nichts ein, was ich sagen konnte. In all den Jahren, die ich Owen kannte, hatten wir das Thema, wie komisch seine Eltern waren – nicht nur, wenn es um Kinder ging –, nie angeschnitten. Es schien eher so zu sein, dass dies in der Stadt als allgemein bekannt vorausgesetzt wurde, und man redete besser nicht darüber – höchstens ganz nebenbei, nur im Vorübergehen, oder als beiläufige Bemerkung unter guten Freunden.

»ALSO, ICH HAB MIR GEDACHT, WIR KÖNNTEN DIE KLEIDER VON EUREM GROSSVATER ANZIEHEN – DU HAST IHNEN DOCH SCHON VON DEN KLEIDERN ERZÄHLT?«, fragte er mich; doch das hatte ich nicht. Ich dachte, sie würden so etwas entweder für ein Babyspiel oder für makaber halten oder beides; und sie würden die Kleider ganz bestimmt kaputtmachen, wenn ihnen klar wurde, dass es nicht heftig genug zuging, wenn man sich die Kleider nur anzog – und sich vielleicht ein Spiel ausdenken, bei dem jeder die Kleider des anderen herunterreißen musste, und wer als Letzter noch was anhatte, hatte *gewonnen.*

»Großvaters Kleider?«, fragte Noah ungewohnt ehrfurchtsvoll.

Simon schüttelte sich; Hester zupfte nervös an den lila Fäden herum, die noch an ihr hingen.

Und Owen Meany – in diesem Augenblick unser Anführer – sagte: »DA GIBT ES AUCH NOCH DEN GROSSEN WANDSCHRANK, WO DIE KLEIDER DRIN SIND. IN DEM IST ES MANCHMAL GANZ SCHÖN UNHEIMLICH, IM DUNKELN, UND WIR KÖNNEN JA AUCH SPIELEN, DASS EINER SICH DA DRIN VERSTECKT UND JEMAND ANDERES MUSS IHN DANN FINDEN – IM DUNKELN. DAS«, so sagte Owen Meany, »KÖNNTE DOCH GANZ INTERESSANT SEIN.«

J. PAUL HENDERSON
Letzter Bus nach Coffeeville

»Die beiden sind so unglaublich nett, Gene. Ich kann's gar nicht glauben. Bist du sicher, dass das *deine* Eltern sind?«

Nancy und Gene hatten ein paar Tage bei Genes Familie verbracht und waren auf dem Rückweg nach Durham.

»Wieso überrascht dich das so, dass sie nett sind? Soll das heißen, ich bin nicht nett?«

»Doch, du bist schon ganz okay.« Nancy tätschelte ihm das Knie. »Du nervst mich zumindest nicht. Aber deine Eltern gehen viel offener auf Leute zu als du, das musst du zugeben.«

»Ich bin auch offen gegenüber Leuten, ich mag nur Smalltalk nicht.«

»Schön zusammengefasst!« Nancy lachte. »Und jetzt fahr endlich schneller, sonst ist der Film vorbei, bevor wir da sind. Ich versuche hier, ein bisschen Kultur in dein Leben zu bringen, und das ist der Dank dafür ...«

»Ich habe schon genug Kultur in meinem Leben, ich bin schließlich mit dir zusammen.«

»Sei bloß still! Wie oft muss ich dir denn noch erklären, dass das Leben mehr ist als deine Couch und dein Labor? Es gibt so vieles zu entdecken, so viele Erfahrungen, die man sammeln kann.«

»Und wie hilft das meinen Patienten? Wenn ich nicht weiß, was mit ihnen nicht stimmt, was soll ich denen dann sagen? ›Tut mir sehr leid, Mrs. Forrester, ich kann Ihnen leider nicht genau sagen, woran Sie leiden, aber falls es Sie tröstet – ich erzähle Ihnen gern was über den Fellini-Film, den ich gestern Abend gesehen habe, oder zeige Ihnen ein paar Fotos, die ich letzten Sommer in London geschossen habe!‹«

»Fahr einfach, Gene. Dich interessiert es vielleicht nicht, was das Leben sonst noch so zu bieten hat, aber mich schon.« Sie pikte ihn mit dem Finger in die Seite. Gene zuckte zusammen.

»Nancy, bitte nicht, während ich fahre! Sonst bau ich noch einen Unfall!«

Nancy fing an zu lachen und pikte ihn noch einmal.

»Ich warne dich, mach das nicht noch mal, sonst kannst du nach Hause laufen. Ich mein's ernst!«

»Tust du nicht. Dafür liebst du mich viel zu sehr.«

»Als ich dir das gesagt hab, war ich bestimmt betrunken.«

»Du musstest mir das gar nicht sagen, ich wusste es schon vorher. Ich kenn dich besser als du selbst. Und ich weiß ganz genau, dass es völlig ungefährlich ist, über sechzig zu fahren!«

»Du hast mir nie gesagt, dass du mich auch liebst«, grummelte Gene. »Du liebst mich doch, oder?«

»Sollte man das nicht merken, wenn einen jemand liebt?«

»Wieso sagst du es dann nicht einfach mal?«

»Darum.«

»Wie, darum?«

»Einfach so.«

Nancy lächelte, rutschte ein Stück zu ihm heran und lehnte den Kopf an seine Schulter.

»Ich weiß nicht, ob wir jemals heiraten, aber ich bin sicher, wir bleiben auf jeden Fall für immer Freunde. Du würdest alles für mich tun, oder?«

»Im Moment gerade nicht.«

Nancy hob den Kopf, küsste Gene aufs Ohr und leckte sanft mit der Zunge darüber. »Sicher?«

»Nancy!«

Sie kamen rechtzeitig zum Film in Durham an und fuhren danach zu einem neueröffneten Restaurant mit rohgezimmerten Tischen und Bänken und Hausmannskost.

»Hast du Lust, mit mir über den Film zu reden, oder ist dir das peinlich?«

»Mir ist lediglich peinlich, dass ich fünf Dollar dafür bezahlt habe. Ich kann doch kein Französisch, Nancy! Wie soll ich mich mit dir über einen Film unterhalten, den ich überhaupt nicht verstanden habe?«

»Der Film hatte doch aber Untertitel. Die musst du doch mitlesen.«

»Ging nicht, ich hatte meine Brille vergessen.«

»Wieso hast du das denn nicht gesagt? Wir hätten einfach gehen können.«

»Weil er dir so gefallen hat. Und mir macht es eben nichts aus, mal zwei Stunden meines Lebens abzuschreiben, wenn es dich glücklich macht. Daran kannst du ruhig das nächste Mal denken, wenn du deine Zeit wieder mal mit mir im Auto *verschwendest*!«

Nancy grinste und strich ihm über die Wange. »Du Armer. Du hast es ganz schön schwer mit mir, hm? Wenn du mich so behandeln würdest wie ich dich, würde ich dich in den nächsten See schubsen.«

Der Rest des Abends verlief in ähnlicher Streitharmonie. Die Rechnung kam. Nancy zahlte. »Ich mach das«, sagte sie. »Du hast ja das Kino bezahlt.«

Sie standen auf. Plötzlich schrie Nancy auf. »O Gott, Gene, schau mal!« Sie hielt ihm ihren Zeigefinger hin. »Meinst du, ich muss damit zur Notaufnahme?«

Gene betrachtete den Finger. Ein langer Splitter hatte sich ins Fleisch gebohrt, und es blutete. »Dafür brauchst du nicht zur Notaufnahme, ich kümmere mich schon darum.« Er wickelte ihr eine Serviette um den Finger und führte sie zum Auto.

»Das tut aber weh, Gene. So richtig! Du kannst dir gar nicht vorstellen, wie weh das tut. Ich glaube, ich kipp gleich um.«

Gene versuchte, nicht zu lachen, und fuhr mit ihr in seine Wohnung. Dort bettete er Nancy auf die Couch und holte eine Pinzette aus einem kleinen Etui in seinem Nachttisch. Er hielt Nancys Hand fest und begann den Splitter langsam und vorsichtig herauszuziehen.

»Aua, au! Gene, du tust mir weh!«

»Halt still, ich hab ihn ja gleich. Halt einfach nur still.«

Aber Nancy rutschte hin und her. Sie zog die Hand weg, und der Splitter brach in der Pinzette ab, ein kleines Stück blieb in ihrer Haut stecken.

»Scheiße, Nancy! Jetzt muss ich es mit einer Nadel machen. Wieso kannst du nicht ein Mal tun, was man dir sagt?«

Ihre Augen füllten sich mit Tränen, und er musste plötzlich lachen.

»Das ist überhaupt nicht lustig, Gene!«

»Tut mir leid, weiß ich ja. Aber eines Tages erinnern wir uns bestimmt hier dran und müssen beide lachen.«

»Ach ja?! Du bist manchmal echt so ein Blödmann! Außerdem ist es deine Schuld, dass ich mir den Splitter überhaupt eingerissen habe, du musstest ja unbedingt in dieses blöde Restaurant.«

Nancy schmollte. Gene holte das kleine Nähset aus der Küche, das ihm seine Mutter gekauft und beim Auszug mitgegeben hatte. Bei der Gelegenheit goss er Nancy gleich noch einen großen Brandy ein.

»Verdammt noch mal, Gene, es ist 1962! Wir leben doch nicht mehr im Mittelalter! Wir hätten doch zur Notaufnahme fahren sollen, die hätten das bestimmt mit örtlicher Betäubung gemacht.«

»Von denen hättest du nicht mal ein Bier gekriegt! Jetzt sei nicht so ein Angsthase, trink das endlich.«

Er riss ein Streichholz an, hielt die Nadel eine Weile in die Flamme und ließ sie wieder abkühlen. Nachdem Nancy sich ein wenig beruhigt hatte, nahm er wieder ihren Finger, ein wenig fester diesmal, und stach mit der Nadel vorsichtig in die Stelle.

»Ich hasse dich, Gene. Ganz ehrlich«, schimpfte Nancy, die Zunge bereits ein wenig schwer. »Von jetzt an bin ich nie wieder nett zu dir.«

»Meinst du, ich werde den Unterschied merken?« Gene grinste.

»Garantiert, du Idiot.«

Gene bohrte weiter an Nancys Finger herum, bis er den Splitterrest vollständig entfernt hatte. Er betupfte die Wunde mit Desinfektionsmittel und klebte am Schluss noch ein Pflaster drauf.

»Soll ich dich nach Hause fahren?«

»Nein, ich bleib lieber über Nacht hier. Falls der Finger abfällt, brauche ich doch jemanden, der ihn mir wieder annäht. Aber denk ja nicht, dass ich dir schon verziehen habe, das habe ich nämlich nicht.«

Nancy machte sich nicht die Mühe, ihre Tasche auszupacken, putzte sich nur schnell mit Genes Zahnbürste die Zähne und kletterte dann in sein Bett. Gene legte sich dazu, und Nancy kuschelte sich eng an ihn.

»Tut mir leid, dass ich so eine Memme bin. Schmerz halte ich einfach nicht gut aus. Und ich hab das alles nicht ernst gemeint, was ich gesagt habe, das weißt du, oder? Es ist wirklich beeindruckend, wie du mit meinen Launen umgehst, du bist so gut darin. Jedenfalls: Danke, dass du mich vorhin gerettet hast. Du bist immer für mich da, wenn ich dich brauche. Du bist mein persönlicher Androklus.«

»Wer ist denn Androklus?«

Nancy stützte den Kopf in die Hand. »Willst du etwa sagen, du kennst die Geschichte von Androklus und dem Löwen nicht?«

»Ich hab weder von ihm noch von seinem Löwen jemals gehört.«

»O Mann, Gene! Siehst du, das hast du davon, dass du dein Leben auf der Couch verbringst.« Sie boxte ihn gegen den Arm und drehte sich auf den Rücken. »Du solltest dich was schämen. Jetzt werd ich wirklich nicht mehr nett zu dir sein.«

»Das würde ich von einer Patientin auch nie erwarten, Nancy, das widerspricht den ethischen Prinzipien eines Arztes. Dafür könnte ich von der Uni fliegen.«

»Na dann freu dich schon mal auf deinen Rausschmiss, *ich* muss mich nämlich nicht an ärztliche Prinzipien halten!«

Es gibt Milliarden von Menschen auf der Welt, und viele Millionen davon lebten in den Sechzigerjahren in den USA. Theoretisch, und wenn man ihnen genug Zeit gegeben hätte, hätten sich Gene und Nancy auch in hundert andere Leute verlieben können. Sie verliebten sich aber ineinander und waren fest davon überzeugt, im anderen die Liebe ihres Lebens, in ihrer Stadt die sprichwörtliche Nadel im Heuhaufen gefunden zu haben. Sie sprachen von einer gemeinsamen Zukunft und vom Heiraten.

Wie die meisten Paare stritten sie auch ab und zu miteinander; vielleicht etwas mehr als andere Paare. Aber das fanden sie nicht schlimm, sie hatten eher Zweifel an der Haltbarkeit einer Beziehung, in der nie gestritten wurde.

Es war jedoch vielmehr die Stille, die ab und zu zwischen ihnen entstand, wenn sie beieinander waren, die Gene verwirrte und ihm Sorgen machte. Manchmal lagen sie nebeneinander, berührten sich oder auch nicht, und plötzlich spürte er einen Graben von geradezu unfassbarer Tiefe zwischen ihnen. Nancy war dann in ihrer eigenen Welt, weit weg und nicht greifbar, in Gedanken versunken, die sie nie mit ihm teilte und die zu haben sie gar abstritt.

»Ich würde zu gern wissen, was du gerade denkst«, sagte Gene dann manchmal.

»Nichts Bestimmtes, wieso?« Sie lächelte verkrampft.

»Ich liebe dich, das weißt du, oder?«

»Natürlich«, antwortete sie und rutschte ein Stück von ihm ab. Gene war sich da nicht so sicher.

Im Sommer des Jahres 1963 waren sie jedoch glücklich miteinander, und Nancy lud Gene ein, die letzte Augustwoche mit ihr bei ihrer Familie im Delta zu verbringen.

FABIO VOLO
Er hat mich nie verlassen

Jeder Mensch hat seinen persönlichen 11. September. Einen Tag, an dem etwas passiert und dieses Datum für immer unvergesslich macht. Der richtige 11. September bezeichnet einen historischen Tag für die ganze Menschheit, aber daneben gibt es auch die historischen Tage einzelner Menschen. Mein persönlicher 11. September war ein 10. April, und er wird es mein Leben lang bleiben. Es gibt natürlich auch Daten, die unvergesslich sind, weil etwas Schönes passiert ist: die Geburt eines Kindes, ein Uni-Examen, eine Begegnung, ein Job, die Hochzeit.

An jenem 10. April stand ich auf und fuhr wie immer zur Arbeit. Ich sollte einen Artikel über die angesagtesten Diäten und über die schädlichen Folgen und Risiken schreiben, die manche haben. Im Sinne von: es über die Ostertage mit Fasten oder Fressen nicht übertreiben und so. Interessant, was?

Kaum hatte ich mich im Büro an den Schreibtisch gesetzt, fiel mir die Tasse mit den Stiften hin und ging zu Bruch. Die Tasse mit den Beatles drauf, die ich auf einer Reise mit Federico nach London gekauft hatte. Ich warf die Scherben in den Papierkorb. Abgesehen von diesem Missgeschick verlief der Bürotag wie immer. Ohne es zu wissen, war ich an diesem Morgen so fröhlich wie ein Kind, das am

6. August 1945 in Hiroshima Ball spielt – ein paar Minuten bevor die Amerikaner die Atombombe abwerfen.

Während ich an meinem Diät-Artikel schrieb, klingelte das Handy. Es war Federicos Vater. In letzter Zeit hatte er oft, wenn er ihn sprechen wollte, mich angerufen. Deshalb dachte ich, er wolle wissen, wo Fede steckte.

»Hallo, Giuseppe, wie geht's? Falls du Federico suchst, der ist nicht hier.«

Giuseppe schluchzte und konnte nicht sprechen, er sagte nur: »Federico, Federico, Federico …«

»Was ist los, Giuseppe, warum weinst du? Was ist mit Federico? Was ist passiert?«

Er schluchzte und schluchzte und brachte keinen Satz zu Ende. Es brach mir das Herz. Ich hatte ihn noch nie weinen hören.

»Federico hatte einen Unfall mit dem Motorrad …«

»O Gott … Ist er verletzt?«

»Sie haben ihn ins Krankenhaus gebracht …«

»Ist es schlimm?«

»Es war schon im Krankenwagen zu spät.«

»Wie, zu spät? Was soll das heißen? Was soll das heißen: ›zu spät‹?«

»Ach Gott, Michele, das kann doch alles nicht wahr sein. Federico … Federico hat es nicht geschafft.«

»Wie, ›er hat es nicht geschafft‹? Was meinst du damit? Ich verstehe nicht …«

Aber ich hatte nur zu gut verstanden.

»Komm her, wir sind im Krankenhaus.«

Noch bevor ich »Bin sofort da« sagen konnte, hatte er aufgelegt. Was war in diesen fünfzehn Sekunden geschehen?

Ich raste ins Krankenhaus. Als ich ankam, lag mein bester Freund bereits in der Leichenhalle.

Ich durfte ihn nicht gleich sehen, ich musste warten. Erst nach einer Stunde durfte ich rein. Federico lag ein paar Meter entfernt, es sah aus, als würde er schlafen.

Tausend wirre Gedanken. »Sagt, dass ihr einen Witz macht, und ich schwöre, ich werde nicht sauer sein, aber macht das nicht mit mir, bitte, hört sofort auf, mich zu veräppeln. Komm, Fede, steh auf und lache, lass den Scheiß, am Ende denke ich noch, das ist kein Witz und alles ist wahr.«

Neben der Bahre stand seine Mutter, ihre Augen waren rot und verquollen. Sie hatte kurz aufgehört zu weinen, doch als sie mich sah, begann sie von neuem.

Es war kein Witz: In einem einzigen Augenblick hatte sich das Leben in all seiner Grausamkeit gezeigt. Zu viel für uns. Ich drückte Federicos Mutter fest an mich und sagte nichts. Was hätte ich auch sagen sollen? Was kann man zu einer Mutter sagen, die ihren Sohn verloren hat?

Ich drehte mich um, hinter mir stand Giuseppe. Es war entsetzlich, ihn weinen zu sehen. Ich umarmte auch ihn.

»Warum, Michele? Warum ist das passiert, warum uns, womit haben wir das verdient, was haben wir Böses getan? Sag, was? Hätte es nicht mir passieren können? Das wäre besser gewesen. Das ist nicht fair. Er war doch erst dreiunddreißig …«

Mir wurde schwindelig. Ich ging nach draußen, an die frische Luft, ich musste raus aus diesem Raum. Ich hatte noch keine einzige Träne vergossen. Ich konnte einfach nicht weinen und hasste mich dafür. Ich hasste mich, weil ich wenigstens ein bisschen von dem Schmerz rauslassen wollte, aber ich schaffte es nicht. Ich war wie betäubt. Es ging mir schlecht, aber eigentlich war es eher so, als hätte man mir einen Liter Anästhetikum gespritzt. Ich war wie benebelt. Federicos Tod hatte meine Sinne gelähmt, ich konnte nicht weinen und ließ mich auch nicht von den anderen anstecken, die weinten.

Später kam auch Francesca. Als sie mich sah, stürzte sie auf mich zu und umarmte mich. Sie trug eine Sonnenbrille, und hinter den Brillenrändern sah man, dass die Haut gerötet und tränennass war. Sie weinte und schluchzte wie ein Kind. In der Hand hielt sie ein Papiertaschentuch, das mittlerweile zu einem nassen Knäuel geworden war. Bis fünf blieben wir da, dann wurde er fortgeschoben. Francesca erzählte mir, dass sie ihn kurz vor dem Unfall noch gesehen hatte. Zwischen Francesca und mir war es zwar aus, aber Federico hatte trotzdem jeden Tag in der Bar vorbeigeschaut und hallo gesagt. Ein Schwätzchen gehalten. Ich mochte die Vorstellung, dass ihre Freundschaft unabhängig von mir bestand.

Abends ging ich zu Giuseppe und Mariella und blieb eine Weile bei ihnen. In der Wohnung wimmelte es von Verwandten. Am nächsten Morgen forschten wir nach einer Telefonnummer, unter der wir Sophie erreichen konnten. Giuseppe sprach mit ihr. Ich hätte es auch tun können, aber Giuseppe wollte in diesen Tagen alles persönlich machen, er sprühte vor Energie. Mariella hingegen konnte sich kaum bewegen. Seltsam mitzuerleben, wie unterschiedlich die Menschen mit Schmerz umgehen. Der eine muss tausend Dinge erledigen, die andere ist wie gelähmt. Es gab noch einen Grund, weshalb Giuseppe anrief: Er sprach gut Französisch. Während er wählte, fiel mir ein, dass Federico gesagt hatte, es gehe nicht täglich ein Flug nach Italien, und ich überlegte, dass Sophie möglicherweise nicht an der Beerdigung würde teilnehmen können. Und so kam es auch. Sophie fehlte auf Federicos Beerdigung. Ich beneidete sie fast darum, denn sie hatte ihn nach dem Unfall nicht gesehen, sie hatte die Tränen und den Schmerz der Angehörigen nicht mitbekommen. Sie konnte sich einbilden, er wäre einfach nur für eine Weile fortgegangen. Für uns war es ja schon schwierig zu begreifen, was geschehen war – wie schwer mochte es da ihr fallen zu glauben, dass dieser absurde Unfall sich tatsächlich ereignet hatte. Wie eine zweite Madame Butterfly konnte Sophie sich einreden, er sei fortgegangen und werde eines Tages zurückkehren. Manchmal versuchte ich das auch. Ich redete mir ein, Federico wäre auf die Kapverden zurückgefahren. Ich dachte, er würde dort leben, und Sophie, er würde hier leben. Jeder hat seinen kleinen Notausgang.

In den zwei Tagen vor der Beerdigung besuchte ich Federico sooft wie möglich. Ich wollte ihn sehen, solange es noch ging. Stundenlang saß ich neben ihm. Manchmal schien es fast, als atmete er. Jeden Augenblick erwartete ich, dass er wie Julia aus tiefem Schlaf erwachte. Ich hoffte es wirklich. Als Kind hatte ich Geschichten über Leute aufgeschnappt, die just in dem Moment wieder erwachten, als der Sargdeckel über ihnen für immer geschlossen werden sollte. Vielleicht, dachte ich, passiert es ja wirklich.

»Wenn Gott alles kann, warum lässt er es dann nicht geschehen?«, fragte ich mich.

Viele der Leute, die kamen, um von ihm Abschied zu nehmen, kannte ich nicht, hatte ich nie gesehen. Manche wollten wissen, wer schuld war, er oder der Autofahrer. Andere wollten den genauen Unfallhergang und die genaue Todesursache erfahren.

Federico hat einen Motorradunfall gehabt. Dabei ist die Aorta geplatzt. Innerhalb weniger Minuten war er tot.

Doch was spielte das für eine Rolle? Er war nicht mehr, und er würde nie mehr zurückkommen. Nichts würde ihn uns zurückgeben.

Zwei der Besucher fragten die Eltern, ob sie Federico Organe entnehmen dürften. Schließlich ließen sie zu, dass er die Augen spendete. In diesen Tagen, während er unbeweglich dalag, lag ein seliges Lächeln um seinen Mund, und das war schön.

Wenn ich mit ihm allein war, redete ich. Alles Mögliche erzählte ich ihm, auch dass ich die Beatles-Tasse kaputtgemacht hatte. Ja, ich glaubte sogar, er wäre es gewesen.

Am Tag des Unfalls war ich nach dem Besuch im Krankenhaus gegen sieben zurück ins Büro gegangen, denn ich hatte ja alles stehen und liegen lassen. Den Artikel hatte Cristina zu Ende geschrieben, eine Kollegin. Sie ist spitze und hätte etwas Besseres verdient, aber wie es nun mal ist, Frauen müssen im Berufsleben mehr leisten als Männer, um die gleiche Anerkennung zu erfahren. Bei gleicher Leistung gewinnt der Mann. So leid's mir tut.

Ich erledigte alles, was anstand, und fischte, bevor ich ging, die zerbrochene Tasse aus dem Papierkorb und nahm sie mit nach Hause. Plötzlich hatte alles eine neue Bedeutung bekommen. Wie die Postkarte, die das Thunfischsandwich aus Oregon geschickt hatte. Obwohl Briefmarke und Stempel aus Argentinien stammten. Verrückt, was für einen Wert ein Gegenstand gewinnt, wenn er einem Menschen gehört hat, der gestorben ist: Er wird unbezahlbar.

Es ist mir nicht möglich, alles aufzulisten, was mir in diesen Tagen durch den Kopf ging. Am selben Abend noch fuhr ich an den Unfallort, warum, weiß ich nicht. Auf dem Boden lagen die roten Splitter einer Rückleuchte. Ich hob einen auf. Er liegt noch immer bei mir zu Hause.

Die Unfallstelle lag genau zwischen seinem Zuhause und meinem. Wer hätte gedacht, dass diese Straße von einem Moment auf den anderen eine andere werden würde. Dass sie von nun an Sinnbild eines entsetzlichen Schmerzes werden würde: die Straße, die unser beider Zuhause voneinander trennte, die wir Tausende Male entlanggefahren waren, um uns zu sehen, um alles Mögliche zu bereden und zu unternehmen.

Die Autos schossen wie immer dahin, die Fahrer wussten nicht, was an diesem Tag hier an dieser Stelle geschehen war. Ich setzte mich auf den Bordstein. Ich nahm mir die Zeit, über mich nachzudenken, mich an die Zeit zu erinnern, als meine Mutter gestorben war. Ich dachte an den Tod, der mich wieder gestreift hatte, der in mein Leben getreten war und mir einen neuen Schmerz zugefügt hatte, mit dem ich umgehen musste. Ich hatte noch nie das Unwiderrufliche akzeptieren, mit ihm umgehen können.

Warum nur? Warum? Federicos Tod war anders als all die anderen Verluste in meinem Leben, die mir nahegegangen waren. Anders als der Tod meiner Mutter, anders als der meiner Oma.

Bei Federico handelte es sich nicht um einen Tod, sondern um die Unterbrechung des Lebens. Der Verlust meiner Mutter war ein Schock gewesen, aber damals war ich acht Jahre alt, und in diesem Alter geht man anders damit um. Erst mit zwölf, dreizehn habe ich begriffen, dass nicht etwa sie beschlossen hatte zu gehen, sondern dass der Tod sie mit sich genommen hatte. Und dieses Bewusstsein hat mir geholfen, auf andere Art mit dem Schmerz umzugehen.

Und meine Oma war mit achtundachtzig gestorben, als ich vierundzwanzig war. Sie hatte ein Jahr lang starke Schmerzen gehabt, und als sie starb, dachten wir alle, letztlich sei es besser so. Da auch sie nun mal nicht unsterblich war, und in Anbetracht ihres Alters schien uns dieses Ende fast gnädig. Wie schmerzlich er auch ist, aber in solchen Fällen ist der Tod geradezu ein Freund.

»Besser so, dann muss sie wenigstens nicht mehr leiden«, sagten die Verwandten bei der Beerdigung.

Mit Federico traf es zum ersten Mal einen Freund in meinem Alter. Meine Mutter war jung gestorben, mit vierzig, obwohl für ein Kind wie mich Vierzigjährige natürlich alte Leute waren. Dreißigjährige übrigens auch. Sie waren die Erwachsenen: eine andere Welt.

So nahe wie jetzt war mir der Tod noch nie gekommen. Ich wusste natürlich, dass man in jedem Alter sterben kann, aber bis zu diesem Tag war es mir nicht so klar gewesen. Als könnte er nur andere treffen, die fern von mir waren, fern von uns. An den Tod dachte ich wie ein Raucher, der weiß, dass Zigaretten schädlich sind. Die Schädlichkeit ist ein Thema, mit dem man sich irgendwann mal beschäftigen wird, in einem anderen Lebensabschnitt. Aber jetzt war er ganz nah, hatte sich in meiner unmittelbaren Umgebung gezeigt. Was Federico widerfahren war, war ein gewaltiger Schock, und nicht nur wegen des Verlusts. Und doch spürte ich all diesen Schmerz nicht. Ich sah ihn, nahm ihn wahr, doch es war, als könnte ich mir seiner nicht vollständig bewusst werden.

Die Boxen meiner Anlage haben eine Sicherheitsvorrichtung: Ab einer gewissen Lautstärke schalten sie sich ab, damit sie nicht explodieren, es kommt kein Ton mehr heraus. Mit mir musste dasselbe passiert sein. Eine Box im Hirn und eine im Herzen. Irgendwann hatten sie sich abgeschaltet, und ich konnte nicht richtig begreifen, was passiert war.

Drei Tage in der Leichenhalle, danach die Beerdigung. Es heißt, an Weihnachten geben sich alle Mühe, nett zu sein. Ob das stimmt, weiß ich nicht. Aber auf Beerdigungen ist es mit Sicherheit so. Auf Beerdigungen sind wir alle netter. Die Leute lächeln einander freundlich zu, zeigen ihre Anteilnahme und sprechen wenig, und wenn, dann mit leiser Stimme.

Es war ein wunderschöner Sonnentag, wie im Sommer. Das Wetter stand in krassem Widerspruch zu dem Schmerz, den wir empfanden. Eigentlich hätten wir zusammen mit Federico ein Eis essen oder zum Mittagessen ans Meer fahren, Fisch essen und eisgekühlten Weißwein trinken sollen, statt an seiner Beerdigung teilzunehmen.

Federico war eingeäschert worden. Mein bester Freund befand sich plötzlich in einer Urne, die so groß war wie die Lacktöpfe, die wir gemeinsam für die Tür- und Fensterrahmen der *Posada* gekauft hatten. Alles war so surreal, dass ich hätte loslachen können. In diesen Tagen war es zu vielen absurden Situationen gekommen: Wäre Federico noch am Leben gewesen, er hätte mitgelacht, am lautesten von allen. Verrückt, wie viel es auf einer Beerdigung zu lachen gibt. Wie viel Absurdes einem in einem solch traurigen Moment auffällt.

Bei der Beerdigung meines Großvaters war bei der Grabnische gepfuscht worden, sodass der Sarg auf halber Strecke steckenblieb. Da hing er nun und ließ sich nicht mehr vor und zurück bewegen. Der Friedhofsmaurer wurde gerufen, und bis er kam, durften wir das surreale Bild des Sarges betrachten, der vier Meter über dem Boden halb herausragte.

Auf jeder Beerdigung gibt es etwas zu lachen. Ich weiß nicht, ob es daran liegt, dass die Situation so grotesk ist, oder ob man schlicht lachen muss, um zu überleben. Vielleicht muss man nach den Tagen der Anspannung und Bedrückung einfach mal loslachen, um sich Luft zu machen, die Lungen zu weiten. Schwer zu glauben, ich weiß, aber das passiert.

Wenn ich an Federico, an seinen Charakter, an sein Wesen dachte, kam es mir fast albern vor, es nicht zu tun. Ihm hätte es bestimmt gefallen, mich bei seiner Beerdigung lachen zu sehen.

Mit der Zeit wichen diese Gedanken anderen, neuen. Zum Beispiel überlegte ich, dass ich älter werden und sich mein Äußeres verändern würde, während er immer so bleiben würde wie auf dem Foto, das bei mir zu Hause hing.

Wie oft habe ich gedacht, dass ich mich jetzt, wo ich älter bin, gern mit ihm unterhalten und über das Leben philosophieren würde. Ein Bier trinken. Entdecken, wer zuerst graues Haar bekam. Es wäre schön gewesen, noch einmal irgendwohin zu fahren, vielleicht mit unseren Familien. Die Dinge, die noch hätten kommen können, waren viel zahlreicher als die Dinge, die wir unternommen hatten, die wirklich passiert waren. Dafür gab es einfach zu viele Erfahrungen, die Federico noch hätte machen müssen, die wir noch hätten machen müssen.

Warum nur? Warum?

Auf diese Frage gibt es keine Antwort, und wer das nicht beizeiten einsieht, der kann verrückt werden.

Was geschehen war, war unwiderruflich, unabänderlich. Ändern konnte man nur die Frage. Ich durfte mich nicht länger nach dem Warum fragen, ich musste anfangen, mich zu fragen, wie ich all diesen Schmerz in etwas Konstruktives umwandeln konnte. Dem Schmerz ein Ventil schaffen und ihn umwandeln.

Wenn das Lächeln zurückkommt, befürchtet man fast, die anderen sähen nicht, wie tief der Schmerz in Wirklichkeit sitzt.

Vielleicht stimmt es ja, dass ein Mensch, der stirbt, in uns weiterlebt: Man muss ihn im Innern aufnehmen und sich regelrecht dazu zwingen, ihm das glücklichste Leben zu schenken, das möglich ist. Wenn ich heute an Federico denke, wird der Schmerz immer von einem Lächeln begleitet, jenem Lächeln, das er stets im Gesicht trug.

Es sind fast drei Jahre seit seinem Tod vergangen, und all der Schmerz hat sich in eine gewaltige Kraft verwandelt. Er wird für immer mein bester Freund bleiben: An unserer

Freundschaft hat sich nichts geändert, sie ist nur verwandelt.

»Verlass mich nicht, Federico. Verlass mich niemals«, hatte ich ihn in den ersten Tagen nach seinem Tod angefleht.

Er hat mich nie verlassen.

T.C. BOYLE

Sin Dolor

Er kam auf die Welt wie alle anderen, wie wir: braun wie ein Leguan und mit Blut und Schleim verschmiert, nicht bemerkenswerter als das Datum auf der Morgenzeitung, aber als ich Mund und Rachen gereinigt und ihm einen Klaps auf den Hintern gegeben hatte, gab er keinen Ton von sich. Ganz im Gegenteil. Er schlug die Augen auf, sah sich mit der Kurzsichtigkeit des Neugeborenen suchend um und begann ruhig zu atmen, ohne Schreien und Zucken, wie man es von anderen Babys kennt. Elvira Fuentes, meine Krankenschwester, die fünfzehn Jahre auf der Krebsstation im Krankenhaus von Guadalajara gearbeitet hatte, bevor sie heimgekehrt war, um sich – als Helferin wie als Geliebte – mir zu widmen, runzelte die Stirn, als sie der Mutter das Kind reichte. Sie dachte dasselbe wie ich: Das Kind musste an einer Blockade oder Deformation des Stimmapparats leiden. Oder vielleicht hatte es gar keinen. Wir hatten schon Seltsameres gesehen, alle möglichen Defekte und Mutationen, besonders bei den Kindern von Wanderarbeitern, die praktisch täglich einer teuflischen Mischung aus Herbiziden, Pestiziden und genetisch veränderten Nahrungsmitteln ausgesetzt waren. Es gab einen Mann, dessen Namen ich hier nicht preisgeben werde, der von den Baumwollfeldern in Arizona zurückkam und aussah wie einer von Elviras Karzinomgeistern und dessen Frau neun Monate später ein Monster ohne Gesicht zur Welt brachte – keine Augen, keine Ohren, kein Mund, keine Nase, nur ein Netz aus durchscheinender Haut, straff gespannt über einen Schädel von der Größe einer Avocado. Offiziell war es eine Totgeburt. Wir haben den Leichnam – sofern man ihn als solchen bezeichnen konnte – zusammen mit den anderen medizinischen Abfällen entsorgt.

Aber das gehört nicht zur Sache. Was ich sagen will, ist: Wir hatten unrecht. Zum Glück – so jedenfalls schien es. Das Kind, der Sohn von Francisco und Mercedes Funes, Straßenverkäufern, deren *tacos de chivo* pures Gift für den Verdauungstrakt sind (und ich rate allen, die dies lesen, um den Stand an der Ecke Independencia und Constitución einen weiten Bogen zu machen, wenn ihnen ihre Gesundheit lieb ist), grabschte schon bald am Busen seiner Mutter herum und gab die normalen gurgelnden und saugenden Geräusche von sich. Mercedes Funes war damals siebenundzwanzig, hatte sechs Kinder sowie O-Beine, das Kreuz eines Footballspielers und eine zusammengewachsene Augenbraue, die einen an Frida Kahlo denken ließ (abzüglich des Künstlerischen und der Eleganz, versteht sich), und stand noch am selben Abend wieder hinter der Theke am Holzkohlengrill, wo sie Ziegenfleisch für die Arglosen briet. Damit war die Sache für Elvira und mich erledigt. Eine weitere Seele war zur Welt gekommen. Ich weiß nicht mehr, was wir an jenem Abend gemacht haben, aber ich nehme an, es war nichts Besonderes. Normalerweise setzten wir uns, wenn wir die Praxis geschlossen hatten, müde in den Garten und sahen den Tauben auf den Drähten zu, während das Dienstmädchen einen grünen Salat und eine *caldereta de verduras* oder gebratene Artischockenherzen machte, Elviras Lieblingsessen.

Es vergingen vier Jahre, ohne dass ich das Kind wiedersah oder mehr als einen flüchtigen Gedanken an den Funes-Klan verschwendete, außer wenn ich Fälle von Übelkeit und Durchfall behandelte und meine Patienten fragte, was sie wo gegessen hatten. »Es waren die Austern, Herr Doktor«, sagten sie zerknirscht. »Die Zwiebeln, ganz klar die Zwiebeln. Die hab ich noch nie vertragen.« »Mayonnaise. Ich werde nie mehr Mayonnaise essen.« Mein Favorit ist: »Das Fleisch hat eigentlich fast gar nicht gerochen.« Sie schoben es auf das Chinarestaurant, auf die Mennoniten und ihre Molkereien, auf ihre eigenen Frauen und Onkel und Hunde, aber in den meisten Fällen konnte ich die Spur zum Straßenstand der Familie Funes zurückverfolgen. »Aber das kann nicht sein, Herr Doktor – bei den Funes kriegt man die besten Tacos der Stadt.«

Jedenfalls erschien Mercedes Funes eines glutheißen Morgens mit ihrem Sohn im Schlepptau in der Praxis. Sie trat durch die Tür und zerrte ihn am Handgelenk hinter sich her (sie hatten den Jungen Dámaso genannt, nach Franciscos Zwillingsbruder, der von Los Angeles hin und wieder, wenn ihm danach zumute war, kleine Päckchen mit Schokolade oder einen Zwanzig-Dollar-Schein schickte) und setzte sich im Wartezimmer auf einen Stuhl, während Elviras Papagei an den Rattanstäben seines Käfigs knabberte und die im vorderen Fenster montierte Klimaanlage arktische Luft ausstieß. Ich fühlte mich an diesem Morgen ausgesprochen gut, ich hatte alles im Griff; gewisse Investitionen in Immobilien hatten sich als ziemlich profitabel erwiesen, und Elvira sah sich nach einem bescheidenen Haus am Meer um, das unser Ferienhaus und später einmal vielleicht unser Altersruhesitz sein sollte. Immerhin war ich nicht mehr der Jüngste, und die hippokratische Beflügelung, mit der ich Lahmen zum Gehen verhelfen und unheilbar Kranke hatte heilen wollen, war einem immer gleichen Trott gewichen: Nichts vermochte mich mehr zu überraschen, und bei jedem Patienten, der durch meine Tür trat, wusste ich bereits die Diagnose, noch bevor er sich gesetzt hatte. Ich hatte alles gesehen. Ich langweilte mich. Ich war ungeduldig. Ich war es leid. An diesem Morgen jedoch war meine Stimmung, wie gesagt, ausgezeichnet und ich war ganz erfüllt von der immer stärker werdenden Freude über die Aussicht, ein Häuschen am Meer kaufen zu können. Es könnte sogar sein, dass ich vor mich hin pfiff, als ich ins Sprechzimmer trat.

»Was führt Sie zu mir?«, fragte ich.

Trotz der Hitze hatte Mercedes Funes einen Schal umgelegt. Sie war sorgfältig frisiert und trug die Schuhe, die sonst für die Messe am Sonntag reserviert waren. Auf dem Schoß hatte sie den Jungen, der mich mit den Augen seines Vaters ansah: Sie waren ganz rund, als kämen sie vom Fließband, und schienen nie zu blinzeln. »Seine Hände, Herr Doktor«, flüsterte Mercedes. »Er hat sie sich verbrannt.«

Bevor ich in väterlichem, beruhigendem Ton sagen konnte: »Na, dann wollen wir doch mal sehen«, streckte der Junge mir die Hände mit nach oben gekehrten Handflächen entgegen, und ich sah die Wunden. Es waren Verbrennungen dritten Grades, genau in der Mitte der Handflächen und an den Innenseiten einiger Finger. Ledriger Brandschorf hatte das zerstörte Gewebe ersetzt, und an seinen Rändern trat eine tiefweinrote Flüssigkeit aus. Ich hatte solche Verletzungen natürlich schon unzählige Male gesehen – wenn ein Haus abgebrannt war, wenn jemand im Bett geraucht hatte, wenn ein Kind gegen einen Herd gefallen war –, doch diese erschienen mir eigenartig, als wären sie absichtlich beigebracht worden. Ich sah die Mutter scharf an und fragte sie, wie das passiert sei.

»Ich habe einen Kunden bedient«, sagte sie und sah zu Boden, als wollte sie die Szene vor ihrem inneren Auge heraufbeschwören, »es war eine große Bestellung, für die ganze Familie, sieben Portionen, und ich hab nicht auf ihn geachtet. Francisco war nicht da, er verkauft jetzt Fahrradreifen, damit wir einigermaßen über die Runden kommen. Dámaso muss in die Glut gegriffen haben, als ich nicht hingesehen hab. Er hat zwei glühende Kohlen rausgenommen, Herr Doktor, in jede Hand eine. Ich hab es erst gemerkt, als ich es gerochen hab.« Ihre Augen unter der durchgehenden Braue, die ihrer Miene immer etwas Finsteres verlieh, sahen mich an. »Es hat gerochen wie Ziegenfleisch. Nur anders.«

»Aber wie –?« Ich sprach die Frage nicht zu Ende. Ihren Worten glaubte ich keine Sekunde. Niemand, nicht mal ein indischer Fakir (und das sind allesamt Scharlatane), konnte ein glühendes Stück Kohle so lange in der Hand halten, dass eine Verbrennung dritten Grades entstand.

»Er ist nicht normal, Herr Doktor. Er spürt den Schmerz nicht wie andere. Hier« – sie hob das rechte Bein des Jungen, als wäre es irgendein Gegenstand, und schob das Hosenbein hoch, sodass eine dunkle, wulstige Narbe, so lang wie die Handspanne eines Erwachsenen, zu sehen war –, »sehen Sie das? Da ist Isabel Briceños widerlicher Pitbull durch den Zaun gekrochen und hat ihn gebissen – und wir sind mit der Sache zum Anwalt gegangen, das können Sie mir glauben –, aber Dámaso hat nicht geschrien oder auch nur einen Piep gemacht. Der Hund hatte ihn umgeschmissen und kaute auf dem Bein herum wie auf einem Knochen, und wenn mein Mann nicht zufällig rausgegangen wäre, um das Wasser aus der Rasierschüssel beim Rosenbusch auszuschütten, hätte dieses Vieh ihn wahrscheinlich in Stücke gerissen.«

Sie sah kurz aus dem Fenster, als wollte sie sich fassen. Der Junge starrte mich unverwandt an. Ganz langsam begann er zu lächeln, als wäre er auf eine perverse Weise stolz auf das, was geschehen war, darauf, dass er es so stoisch ausgehalten hatte, und unwillkürlich dachte ich, was für einen hervorragenden Soldaten er in irgendeinem Krieg abgeben würde, wenn er erst groß war.

»Und sehen Sie das?«, fuhr sie fort und zeigte mit dem Finger auf die Lippen des Jungen. »Diese Narben hier?« Ich sah einige blasse, gezackte Linien, die von seinem Mund ausgingen. »Da hat er sich gebissen, ohne es zu merken.«

»Señora Funes«, sagte ich in dem scharfen Ton, mit dem ich Trinker mit geschwollener Leber oder Raucher anspreche, die Blut husten und sich dabei die nächste Zigarette anstecken, und das auch noch in meinem Sprechzimmer, »ich glaube, Sie sagen mir nicht die ganze Wahrheit. Dieser Junge ist misshandelt worden. Ein so eklatanter Fall ist mir noch nie begegnet. Sie sollten sich schämen. Ich sollte Sie der Polizei melden.«

Sie verdrehte die Augen. Der Junge saß auf ihrem Schoß wie eine Puppe, als wäre er aus Holz. »Sie verstehen nicht: Er spürt keinen Schmerz. Nichts. Probieren Sie es aus. Stechen Sie ihn mit einer Nadel – Sie können sie ihm quer durch den Arm stoßen, ohne dass er es merkt.«

Ich wurde zornig – hielt sie mich für einen derartigen Trottel? –, ging zum Schrank, zog eine Spritze auf (eine halbe Dosis Vitamin B12, das ich für ältere oder anämische Patienten bereithalte) und wischte eine Stelle an seinem dünnen Ärmchen mit Alkohol ab. Mutter und Sohn sahen gleichgültig zu, wie die Nadel im Fleisch verschwand. Der Junge zuckte nicht mit der Wimper. Nichts an ihm deutete darauf hin, dass irgendetwas mit ihm geschah. Aber das bewies gar nichts. Vielleicht war er das eine von hundert Kindern, das sich zusammenriss, wenn ich mit der Nadel kam (während die anderen neunundneunzig schrien, als würden ihnen die Fingernägel einer nach dem anderen ausgerissen).

»Sehen Sie?«, sagte sie.

»Ich sehe gar nichts«, erwiderte ich. »Er hat nicht gezuckt, das ist alles. Viele Kinder – jedenfalls manche – sind richtige kleine Soldaten, wenn sie eine Spritze kriegen.« Ich beugte mich zu ihm hinunter und sah ihm ins Gesicht. »Du bist ein richtiger kleiner Soldat, nicht, Dámaso?«

Seine Mutter sagte mit müder Stimme: »Wir nennen ihn Sin Dolor, Herr Doktor. Das ist sein Spitzname. So nennt ihn sein Vater, wenn er etwas angestellt hat, weil es ihm kein bisschen ausmacht, wenn man ihn schlägt oder kneift oder ihm den Arm verdreht. Sin Dolor, Herr Doktor. Der keinen Schmerz kennt.«

Als ich ihn das nächste Mal sah, muss er sieben oder acht

gewesen sein, ich weiß es nicht mehr genau, aber er war zu einem ernsten Jungen mit großen, hungrigen Augen und dem Indianerhaar seines Vaters herangewachsen. Er war noch immer dünn wie eine Holzpuppe und wirkte noch immer anämisch. Diesmal brachte ihn sein Vater, der ihn auf den Armen trug. Mein erster Gedanke war: Würmer, und ich nahm mir vor, ihm eine Spritze zu geben, bevor ich ihn entließ, doch dann fiel mir ein, dass für seinen Zustand vermutlich die Küche seiner Mutter verantwortlich war, und ich verwarf den Gedanken. Eine Stuhlprobe würde ausreichen. Natürlich würden wir ihm Blut abnehmen müssen, um den Hämoglobinwert festzustellen – sofern die Eltern einverstanden waren. Beide waren bekannt für ihre Sparsamkeit, und Mitglieder des Funes-Klans sah ich nur dann, wenn sie ernsthafte Beschwerden hatten.

»Was führt Sie zu mir?«, fragte ich und erhob mich, um Francisco Funes' Hand zu schütteln.

Mit einem Grunzen setzte er den Jungen ab. »Na los, Dámaso«, sagte er. »Geh auf und ab.«

Ich bemerkte, dass der Junge schief dastand und das rechte Bein schonte. Er sah erst seinen Vater und dann mich an, ließ resigniert die Schultern hängen und ging zur Tür und wieder zurück, wobei er hinkte, als hätte er sich das Knie verrenkt. Er sah mich lächelnd an. »Ich glaube, mit meinem Bein stimmt was nicht«, sagte er leise und kleinlaut wie ein Beichtender.

Ich packte ihn unter den Armen, setzte ihn auf die Untersuchungsliege, warf dem Vater einen finsteren Blick zu – wenn das nicht Kindesmisshandlung war! – und fragte: »Hattest du einen Unfall?«

Sein Vater antwortete für ihn. »Er hat sich das Bein gebrochen, sehen Sie das nicht? Er ist vom Schuppendach gesprungen, als ob er nicht wüsste –« Francisco Funes war ein großer, muskulöser Mann mit einer tiefen, durchdringenden Stimme, und er richtete einen zornigen Blick auf seinen Sohn, als wollte er sagen, die Wahrheit liege auf der Hand und er werde ihm – gebrochenes Bein hin oder her – zu Hause eine ordentliche Tracht Prügel verpassen.

Ich ignorierte ihn. »Kannst du dich auf den Rücken legen?«, sagte ich zu dem Jungen und klopfte auf die Liege. Der Junge gehorchte, hob ohne erkennbare Anstrengung beide Beine und legte sie ab. Das Erste, was ich bemerkte, waren die Narben, ein Durcheinander zahlloser verheilter Verbrennungen und Schnittwunden von den Knöcheln bis zu den Oberschenkeln, und wieder war ich empört. Kindesmisshandlung! Das Wort hallte in meinem Kopf wider. Ich wollte schon Elvira rufen, damit sie den Vater rauswarf, sodass ich das Kind behandeln – und befragen – konnte, als meine Hand über sein rechtes Schienbein strich und ich eine Schwellung spürte. Er hatte tatsächlich ein gebrochenes Bein – wie es aussah, handelte es sich um eine Schienbeinfraktur. »Tut das weh?«, fragte ich ihn und drückte ein wenig zu.

Der Junge schüttelte den Kopf.

»Ihm tut nie irgendwas weh«, sagte sein Vater. Er stand dicht hinter mir und wirkte ungeduldig. Er nahm an, dass ich ihn betrügen würde, und wollte die Sache hinter sich bringen und seine Pesos hinblättern, als wäre die Verletzung seines Sohnes eine Art Steuer.

»Das muss geröntgt werden«, sagte ich.

»Kein Röntgen«, knurrte er. »Ich wusste es, ich hätte ihn gleich zum *curandero* bringen sollen. Richten Sie ihm den verdammten Knochen und fertig.«

Ich spürte den Blick des Jungen auf mir. Er war absolut ruhig, seine Augen waren wie die stillen Teiche im Verlauf des Baches, der aus den Bergen kam und die Zisterne hinter unserem neuen Haus am Meer speiste. Zum ersten Mal kam mir der Gedanke, dass hier etwas Außergewöhnliches vorlag, eine Art medizinisches Wunder: Der Junge hatte ein gebrochenes Schienbein und hätte sich, vor Schmerzen schreiend, auf der Liege winden müssen, doch er sah aus, als wäre alles in Ordnung, als hätte er dem netten Onkel Doktor bloß einen freundlichen Besuch abgestattet, um sich das Skelett und die gerahmten Diplome an den weiß gekalkten Wänden anzusehen und im metallischen Widerschein der Instrumente zu stehen, die Elvira jeden Morgen polierte, bevor sie die vor der Tür wartenden Patienten einließ.

Ich war wie vom Donner gerührt: Er war gelaufen, mit einem gebrochenen Bein. Er war gelaufen und hatte lediglich festgestellt, dass er unerklärlicherweise hinkte. Ich griff nach dem Bein, um die Lage des Knochens zu ermitteln. »Tut das weh?«, fragte ich und spürte, wie die Bruchstellen sich zusammenfügten. Das gleißende Licht draußen wurde kurz gedämpft und dann, als die Wolke weitergezogen war, wieder heller. »Und das?«, fragte ich. »Und das?«

Danach, als ich den Knochen gerichtet und das Bein geschient und eingegipst hatte, als ich dem Jungen zwei alte, ungleiche Krücken geliehen und seinem draußen wartenden

Vater gesagt hatte, er solle sich über die Rechnung keine Gedanken machen – »Gratisbehandlung«, sagte ich –, kam neuer Schwung in mein Leben. Mir wurde bewusst, dass ich es mit einem Wunder zu tun hatte, und wer könnte mir einen Vorwurf daraus machen, dass ich den Kurs meines Lebens änderte und einer der Giganten meines Berufsstandes sein wollte, der noch in Jahrzehnten verehrt und studiert werden würde, anstatt in der tödlichen Langeweile einer Kleinstadtpraxis mit Tauben auf den Drähten, *caldereta* im Topf und einem kleinen Haus am Meer langsam zu vergehen? Tatsache war, dass Dámaso Funes ein mutiertes Gen besitzen musste, eine positive, progressive, überlegene Mutation, nicht wie die anderen, die uns das Kind ohne Gesicht und all die anderen Schrecken beschert hatten, die tagein, tagaus in meine Praxis kamen. Wenn diese Mutation isoliert, die genetische Sequenz bestimmt werden könnte, wäre der Nutzen für unsere arme, leidende Spezies unermesslich. Man stelle sich vor: ein schmerzfreies Alter! Schmerzlose Geburten, Operationen, Zahnbehandlungen! Man stelle sich Elviras Krebspatienten vor, wie sie in ihren Rollstühlen umhersausten und bis zuletzt scherzten und grinsten. Welche Freiheit! Welche Freude! Welch ein entscheidender Schlag gegen das Leid, das uns niederdrückt und verstümmelt und ins Grab treibt!

In der Stunde vor der Siesta suchte ich jetzt häufig Mercedes Funes' Stand auf, in der Hoffnung, einen Blick auf den Jungen zu erhaschen, mich mit ihm anzufreunden, mit ihm vertraut zu werden, es vielleicht sogar einzufädeln, dass er bei uns einzog und die Stelle des Kindes einnahm, das Elvira und ich uns angesichts des deprimierend traurigen Zustands der Welt versagt hatten. Ich ging es unverfänglich an. »*Buenas tardes*«, sagte ich so herzlich wie möglich, wenn Mercedes Funes mit von Sorgen gezeichnetem Gesicht vom Grill aufsah. »Wie geht es Ihnen? Und wie geht's Ihren leckeren Tacos? Ja, ja, ich nehme zwei. Nein, lieber drei.« Ich tat sogar, als würde ich sie essen, dabei knabberte ich nur an der Tortilla selbst, während Legionen von früheren und jetzigen Patienten Schlange standen, um ihre in Folie verpackte Mahlzeit in Empfang zu nehmen. So vergingen zwei Monate, bis ich Dámaso wiedersah. Ich bestellte etwas, trat beiseite, und da war er, er stand allein hinter dem Grill, während seine jüngeren Geschwister – die Familie hatte noch dreimal Zuwachs bekommen – mit ihrem Spielzeug auf dem Boden herumkrabbelten.

Seine Augen glänzten, als er mich sah, und ich sagte wohl etwas Naheliegendes wie: »Dein Bein ist, wie ich sehe, gut verheilt. Noch immer keine Schmerzen, hm?«

Er war höflich, wohlerzogen. Er trat hinter dem Stand hervor und schüttelte mir mit einer förmlichen Geste die Hand. »Mir geht's gut«, sagte er und hielt inne. »Bis auf das hier.« Er zog das schmutzige T-Shirt (bedruckt mit dem Logo irgendeiner nordamerikanischen Popband sowie drei höhnisch verzerrten Gesichtern und einer Corona aus struppigem Haar) hoch und enthüllte eine offene Wunde, so groß wie ein Hühnerei. Abermals eine Verbrennung.

»Hm«, machte ich und verzog das Gesicht. »Möchtest du mitkommen in meine Praxis, damit ich das behandeln kann?« Er sah mich nur an. Für einen Augenblick hing mein Vorhaben in der Schwebe. Rauch stieg vom Grill auf. »Gratis?«

Er zuckte die Schultern. Ihm war das alles gleichgültig – er musste das Gefühl haben, unsterblich zu sein, ein Gefühl, das alle Kinder haben, bis sie hinreichend Bekanntschaft mit dem Tod und dem Leiden gemacht haben, das diesem vorausgeht und ihn begleitet, aber natürlich war auch er ebenso wenig wie irgendjemand sonst gefeit gegen Infektionen und den Verlust von Fingern oder ganzen Gliedmaßen, gegen Verletzungen und Funktionsstörungen der inneren Organe. Nur dass er nichts davon fühlte. Zum Segen für ihn. Noch einmal zuckte er die Schultern. Er sah zu seiner Mutter, die Ziegenfleischstücke auf dem billigen Grillrost herumschob, während die Kunden ihre Bestellungen riefen. »Ich muss meiner Mutter helfen«, sagte er. Ich spürte, dass er das Interesse verlor.

Mir fiel eine List ein, es war ein Gedanke, wie er aus einem synaptischen Flattern entsteht, einem Schlagen innerer Flügel: »Möchtest du meine Skorpione sehen?«

Ich sah die Veränderung in seinem Gesicht, als das Bild einer perspektivisch verkürzten Arachnide mit Klauen und erhobenem Schwanz miasmatisch vor seinem inneren Auge aufstieg. Er warf einen raschen Blick auf seine Mutter, die gerade Señora Padilla das Wechselgeld herausgab, einer gewaltigen Frau von weit über hundertfünfzig Kilo, die ich wegen Bluthochdruck, Altersdiabetes und einem hoch ansteckenden Genitalausschlag behandelt hatte, der sich allen gängigen Mitteln widersetzte, und dann duckte er sich hinter die große Kohlenpfanne, um im nächsten Augenblick ein paar Meter von mir entfernt auf der Straße aufzutauchen. Er winkte mir ungeduldig mit der rechten Hand, und ich hörte auf, so zu tun, als würde ich die Tacos seiner Mutter essen, drehte mich um und ging mit ihm davon.

»Ich habe einen in einem Marmeladenglas«, sagte er, und es dauerte einen Moment, bis ich begriff, dass er von Skorpionen sprach. »Einen braunen.«

»Wahrscheinlich ein *Vaejovis spinigerus*, die sind hier sehr verbreitet. Hat er schwarze Streifen auf dem Schwanz?«

Er nickte unbestimmt, woraus ich schloss, dass er noch nicht so genau hingesehen hatte. Er hatte einen Skorpion – das genügte. »Wie viele haben Sie?«, fragte er und ging ohne das kleinste Anzeichen von Hinken neben mir her.

Ich sollte erwähnen, dass ich Amateur-Entomologe oder vielmehr -Arachnologe bin und dass Skorpione mein Spezialgebiet sind. Ich sammle sie, wie ein Lepidopterologe Schmetterlinge sammelt, nur dass meine Exemplare sehr lebendig sind. Damals hielt ich sie in einem Hinterzimmer meiner Praxis in Terrarien, wo sie zufrieden unter den Steinen und Tonscherben hockten, die ich für sie dort hineingelegt hatte.

»Ach, ich weiß nicht«, sagte ich. Wir kamen gerade an einer Seitengasse vorbei, in der ein paar Straßenkinder standen und uns anstarrten. Alle riefen seinen Namen, nicht spottend, sondern voller Bewunderung. Er war für sie, wie ich bald feststellte, eine Art Held.

»Zehn?«, sagte er. Er trug Sandalen. Seine Füße leuchteten im Sonnenlicht, während er auf dem Bürgersteig ausschritt. Es war sehr heiß.

»Nein, über hundert, würde ich sagen. Von ungefähr sechsundzwanzig Arten.« Und dann fügte ich listig hinzu: »Wenn du Zeit hast, zeige ich dir alle.«

Natürlich bestand ich darauf, zuerst die Wunde zu behandeln. Es wäre nicht gut gewesen, wenn er an einer bakteriellen Infektion (oder irgendetwas anderem) gestorben wäre – zum einen natürlich aus rein menschlichen Gründen, zum anderen aber auch im Hinblick auf den Schatz, den er in sich trug und der zum Wohle der Menschheit war. Seine Aufregung war deutlich zu spüren, als ich ihn in das feuchte, dämmrige Hinterzimmer mit dem Betonboden und dem Geruch nach Essig und frisch aufgeworfener Erde führte. Das erste Exemplar, das ich ihm zeigte – *Hadrurus arizonensis pallidus,* der riesige Wüstenskorpion, etwa zwölf Zentimeter lang und von dem Sand, auf dem er lag, kaum zu unterscheiden –, hatte mit seinen Zangen einen Grashüpfer gepackt, als ich das Fliegengitter über dem Terrarium anhob. »Dies ist der größte Skorpion, den es in Nordamerika gibt«, sagte ich, »aber sein Gift ist nicht besonders stark im Vergleich zu dem, das der *Centruroides exilicauda,* der Rindenskorpion, besitzt. Die gibt es auch hier in der Gegend, und sie können sehr gefährlich sein.«

Er sagte nur: »Ich will den Giftigen sehen.«

Ich hatte einige Exemplare in einem Terrarium an der hinteren Wand und schaltete das Licht aus, ließ die Jalousien herunter und nahm die UV-Lampe, um ihm zu zeigen, wie die Tiere aufgrund ihrer natürlichen Fluoreszenz leuchteten. Sobald er die Umrisse der Skorpione, die dort herumkrochen, erkannte, stieß er einen begeisterten Schrei aus, leuchtete mit der Lampe nacheinander in alle Terrarien und führte mich schließlich wieder zu den *Cetruroides.* »Würden sie mich stechen?«, fragte er. »Wenn ich reingreifen würde, meine ich.«

Ich zuckte die Schultern. »Könnte sein. Aber sie sind eigentlich scheu und gehen, wie die meisten Tiere, Konfrontationen möglichst aus dem Weg – und sie wollen ihr Gift nicht verschwenden. Sie verbrauchen eine Menge Kalorien, wenn sie Gift produzieren müssen, und das brauchen sie in erster Linie, um Beute zu machen. Damit sie zu fressen haben.«

Er wandte mir im Dunkeln das Gesicht zu. Das UV-Licht löste die Konturen auf und machte seine Augen seltsam blau. »Würde ich sterben?«, fragte er.

Mir gefiel die Richtung nicht, die diese Sache nahm – ich bin sicher, Sie wissen schon, auf was es hinauslief mit diesem Jungen, der keinen Schmerz empfand, und den Tieren, die sich so hervorragend darauf verstanden, Schmerz zuzufügen –, und so übertrieb ich die Gefahr. »Wenn einer dich stechen sollte, würde dir wahrscheinlich übel werden, du würdest dich übergeben und vielleicht sogar Schaum vor dem Mund bekommen. Weißt du, was ich meine?«

Er schüttelte den Kopf.

»Na, egal. Tatsache ist, dass ein Stich von einem dieser Skorpione einen schwachen Menschen, ein kleines Kind etwa oder einen sehr alten Menschen, töten könnte, wahrscheinlich aber nicht einen Jungen deines Alters. Allerdings würde dir sehr, sehr übel werden –«

»Würde es meinen Großvater töten?«

Ich dachte an seinen Großvater. Ich hatte ihn gelegentlich hinter dem Stand sitzen und dösen sehen, ein Haufen alte Haut und Knochen und sicher über neunzig. »Ja«, sagte ich, »das wäre möglich. Wenn er das Pech hätte, nachts auf dem Weg zur Toilette auf einen zu treten …«

In diesem Augenblick läutete die Türglocke, obwohl die Praxis am Nachmittag nur für Notfälle geöffnet war. Ich rief nach Elvira, doch entweder hatte sie sich zum Mittagessen in den Garten gesetzt, oder sie war hinaufgegangen, um sich hinzulegen. »Komm mit«, sagte ich zu dem Jungen und ging mit ihm durch das Sprechzimmer zum Empfang, wo Dagoberto Domínguez stand, einer der Männer aus der Nachbarschaft, die linke Hand in einen blutigen Lappen gewickelt, mit der anderen ein kleines, glitschiges Stück Fleisch umklammernd, das sich als das letzte Glied seines Zeigefingers erwies. Sogleich vergaß ich Dámaso.

Als ich Señor Domínguez' Finger verbunden und ihn in ein Taxi gesetzt hatte, das ihn und die in Eis gepackte Fingerspitze so schnell wie möglich ins Krankenhaus bringen sollte, bemerkte ich, dass die Tür zum Hinterzimmer offen stand. Dort, im Dunkeln, wo das UV-Licht seinen Mondschimmer verströmte, stand der kleine Dámaso, und auf seinem T-Shirt waren die fluoreszierenden Gestalten von mindestens einem halben Dutzend Skorpione, die über seinen Rücken und an seinen Armen hinauf- und hinunterkrochen. Ich sagte kein Wort. Ich rührte mich nicht. Ich sah einfach nur zu, wie er lässig die Hand zum Hals hob, wo mein *Hadrurus* – der Riesenskorpion – soeben aus dem Ausschnitt des T-Shirts zum Vorschein kam, und wie dieser ihn mehrmals stach, während Dámaso das Tier zwischen zwei Fingern hielt und es behutsam wieder in sein Terrarium setzte.

War ich verantwortungslos? Hatte ich insgeheim, in den hinteren Regionen meines Kopfes, auf ebendies gehofft –

auf eine Art von perversem Experiment? Vielleicht. Vielleicht gab es in mir etwas, das die Grenze zwischen Distanzierung und Sadismus einriss – aber war dieses Wort in diesem Fall überhaupt gerechtfertigt? Wie konnte man sadistisch sein, wenn das Opfer nichts spürte? Jedenfalls wurde Dámaso von diesem Tag an mein ständiger Begleiter, während ich meine Beobachtungen niederschrieb und an die Boise State University schickte, wo Jerry Lemongello, ein alter Freund aus gemeinsamen Tagen an der Universität von Guadalajara und weltweit einer der führenden Genetiker, sein hervorragend ausgestattetes Forschungslabor hatte. Dámaso stammte aus einer großen und armen Familie und schien die Aufmerksamkeit, die Elvira und ich ihm zuteilwerden ließen, zu genießen, und im Lauf der Zeit aß er regelmäßig bei uns zu Abend und übernachtete sogar gelegentlich im Gästezimmer. Ich brachte ihm alles bei, was ich über Skorpione und über ihre Verwandten, die Taranteln, wusste, und begann, ihn in Naturwissenschaften im Allgemeinen und Medizin im Besonderen zu unterweisen – vor allem für das letztere Gebiet schien er eine natürliche Begabung zu besitzen. Als Gegenleistung erledigte er alle möglichen Arbeiten im Haus, fegte und wischte den Boden in der Praxis und sorgte dafür, dass die Skorpione genug Grashüpfer und der Papagei genug Samen, Wasser und Obststückchen bekamen.

Jerry Lemongello bat dringend um DNA-Proben. Ich machte einige Abstriche der Mundschleimhaut (die Spuren zahlreicher Verbrennungen aufwies, denn er konnte zwar warm und kalt unterscheiden, wusste aber nicht, was *zu* warm oder *zu* kalt war) und setzte meine eigenen kleinen

Experimente fort, einfache Dinge wie die Überprüfung der Reflexe, Nadelstiche in verschiedene Körperpartien und sogar Kitzeln (auf das er übrigens sehr lebhaft ansprach). Eines Nachmittags – und ich bereue es noch heute – erwähnte ich beiläufig, die Wespen, die unter dem Giebel der Praxis ein großes Nest gebaut hätten, entwickelten sich zu einer echten Plage. Sie belästigten die Patienten, die geduckt durch die Eingangstür eilen müssten, und hätten die arme Señora Padilla, die ihre Medikamente habe abholen wollen, zweimal an einer sehr empfindlichen Stelle gestochen. Ich seufzte und sagte, dagegen müsse einmal etwas unternommen werden.

Als ich eine Viertelstunde später aus dem Fenster blickte, stand Dámaso auf einer Leiter und zerfetzte das Nest mit bloßen Händen, umschwärmt von einer wabernden Wespenwolke. Ich hätte eingreifen müssen. Ich hätte ihn ins Haus rufen müssen. Aber ich tat es nicht. Ich sah einfach zu, wie er die Waben mit den Larven systematisch zerstörte und die ausgewachsenen Tiere, die ihn vergeblich stachen, einfach erschlug. Ich behandelte die Stiche natürlich – jeder einzelne rief eine wütend gerötete Schwellung hervor –, schärfte ihm ein, nie wieder etwas so Törichtes zu tun, und hielt ihm einen Vortrag über das Nervensystem und die Wirksamkeit von Schmerzen als Warnsignal dafür, dass mit dem Körper etwas nicht stimmt. Ich erzählte ihm von Leprakranken, die Finger und Zehen verlieren, ohne es zu merken, weil sie kein Gefühl in ihren Extremitäten haben, doch er schien nicht zu begreifen, worauf ich hinauswollte. »Dann sind Schmerzen also etwas Gutes?«, fragte er mich.

»Nein«, sagte ich. »Schmerz ist natürlich schlecht, und in meinem Beruf bemüht man sich, ihn zu bekämpfen, damit die Menschen ein normales Leben führen und produktiv sein können und so weiter ...«

»Meine Mutter hat Schmerzen«, sagte er und strich mit dem Finger über die Schwellungen auf dem Unterarm, als wären sie nichts weiter als eine interessante Neuerung. »Im Rücken. Weil sie sich den ganzen Tag über den Grill beugen muss, sagt sie.«

»Ja«, antwortete ich – sie hatte einen Bandscheibenvorfall gehabt –, »ich weiß.«

Er schwieg für einen Augenblick. »Wird sie sterben?«

Ich sagte, jeder müsse sterben. Aber nicht heute und nicht an Rückenschmerzen.

Ein Lächeln breitete sich auf seinem Gesicht aus. »Darf ich dann zum Essen bleiben?«

Kurz darauf erschien abermals sein Vater, diesmal allein, und ob sein Besuch mit den Wespenstichen zu tun hatte, weiß ich nicht. Jedenfalls brachte er sein Anliegen entschieden, wenn nicht grob vor. »Ich weiß nicht, was Sie mit meinem Jungen machen – oder was Sie glauben, das Sie mit ihm machen –, aber ich will ihn zurück.«

Ich saß an meinem Schreibtisch. Es war elf Uhr, und vor dem Fenster schwebten Kolibris über den rosaroten Blüten der Trompetenwinden, als wären sie aus Luft gemacht. Am Horizont ballten sich Wolken zusammen. Die Sonne war wie Butter. Elvira saß am anderen Ende des Zimmers an ihrem eigenen Tisch und gab etwas in den neuen Computer ein, während das Radio so leise spielte, dass ich die Musik nur als sachtes Strömen im Hintergrund wahrnahm. Francisco Funes wollte sich nicht setzen.

»Ihr Sohn besitzt eine große Gabe«, sagte ich nach kurzem Schweigen. Und obgleich ich im Hinblick auf die Existenz Gottes und eines übernatürlichen Jesus Agnostiker bin, bediente ich mich eines religiösen Bildes, um meine Aussage zu unterstreichen, denn ich dachte, das könnte einen von der verarmten Frömmigkeit seiner Klasse erfüllten Mann wie Francisco Funes vielleicht umstimmen. »Er könnte die Menschheit erlösen, er könnte uns alle von dem Schmerz des Daseins erlösen. Ich will nur dabei helfen.«

»Blödsinn«, knurrte er, und Elvira sah auf und neigte den Kopf, um über ihre Brille zu sehen, die ihr auf der Nase ein Stück heruntergerutscht war.

»Aber das ist die Wahrheit«, sagte ich.

»Blödsinn«, wiederholte er, und ich dachte, wie unoriginell er war, wie unwissend und beschränkt und gebeugt unter der Last des Aberglaubens und der Gier, die ihn und den Rest der leidenden Massen niederdrückte. »Er ist *mein* Sohn«, sagte er, und seine Stimme klang wie aus einem Brunnenschacht, »nicht Ihrer. Und wenn ich ihn noch ein einziges Mal hier erwische, verpasse ich ihm eine Tracht Prügel –« Er hielt inne, als er mein bitteres Lächeln sah. »Ich habe meine Methoden, von denen Sie nichts wissen. Und wenn ich ihn nicht verprügeln kann, dann kann ich immer noch Sie verprügeln, Herr Doktor, mit allem Respekt. Und Sie werden es spüren wie jeder andere.«

»Soll das eine Drohung sein? Elvira« – ich wandte mich zu ihr –, »hast du das gehört?«

»Da können Sie Ihren Arsch drauf verwetten«, sagte er.

Und dann war der Junge ganz einfach verschwunden. Er kam weder am nächsten noch am übernächsten Morgen in die Praxis. Ich fragte Elvira nach ihm, und sie zuckte die Schultern, als wollte sie sagen: »Vielleicht ist es besser so.« Aber es war nicht besser so. Ich stellte fest, dass er mir fehlte, und zwar nicht einfach aus egoistischen Gründen (Jerry Lemongello hatte mir geschrieben, die DNA-Proben seien unbrauchbar, und bat mich eindringlich, ihm weitere Proben zu schicken), sondern weil er mir wirklich ans Herz gewachsen war. Es hatte mir Freude gemacht, ihm etwas zu erklären und ihn aus dem Sumpf der Unwissenheit und des Analphabetismus zu heben, in den er hineingeboren worden war, und wenn ich ihn im Geist als Naturwissenschaftler oder gar Arzt in meine Fußstapfen treten sah, glaubte ich nicht, dass ich mir etwas vormachte. Er war intelligent und lernte schnell, er besaß eine rasche Auffassungsgabe und die Fähigkeit, genau hinzusehen, sodass er beispielsweise, als ich eine Krabbe, einen Skorpion und eine Spinne auf ein Tablett legte und ihm zeigte, sogleich imstande war, ihre Verwandtschaftsmerkmale zu nennen und sie nach Familie, Gattung und Art zu bestimmen, wie ich es ihn gelehrt hatte. Und das mit neun Jahren.

Als er sich auch am dritten Morgen nicht sehen ließ, ging ich zum Stand der Familie Funes, weil ich hoffte, ihn dort zu finden. Es war noch früh, und Mercedes Funes fachte gerade den Holzkohlengrill an, während an einem Gestell hinter ihr ein halbes Dutzend Fleischstücke von frisch (oder jedenfalls kürzlich) geschlachteten Ziegen hingen (nebenbei gesagt, übersät mit Fliegen). Ich begrüßte sie, erkundigte mich nach ihrer Gesundheit, dem Wetter und der Qualität des Fleisches, doch irgendwann verzog sie schmerzhaft das Gesicht, legte die Hand auf den Rücken, richtete sich langsam auf und bedachte mich mit einem Blick, den ich nur als feindselig bezeichnen kann. »Er ist bei seiner Großmutter«, sagte sie. »In Guadalajara.«

Und das war alles. Sosehr ich ihr auch zusetzte – mehr wollte Mercedes Funes nicht sagen, ebenso wenig wie ihr Esel von einem Mann, und wenn es bei ihnen einen medizinischen Notfall gab, gingen sie fortan quer durch die Stadt zur Praxis meines Konkurrenten Dr. Octavio Díaz, den ich aus tiefstem Herzen verabscheue, aber das ist eine andere Geschichte. Ich will nur so viel sagen: Es dauerte ein paar Jahre, bis ich Dàmaso wiedersah. Allerdings hörte auch ich – wie alle anderen – die Gerüchte, sein Vater zwinge ihn, mit einer Schaubude über Land zu ziehen, und beute seine Gabe rücksichtslos aus, um irgendwelchen gaffenden Bauern ein paar Pesos aus der Tasche zu locken. Es war eine Schande. Es war ein Verbrechen. Aber weder ich noch Jerry Lemongello oder die Mitglieder des Aufsichtskomitees der Boise State University konnten irgendetwas dagegen tun. Er war fort, und wir blieben, wo wir waren.

Die nächste Taubengeneration ließ sich auf den Drähten nieder, Elvira legte unter dem Kinn und um die Mitte herum ein wenig zu, und jeden Morgen beim Rasieren sah ich das unaufhaltsame Vorrücken der weißen Haare, die sich über die Wangen und Koteletten nach oben arbeiteten und schließlich den ganzen Kopf eroberten. Ich stand auf, ließ Wasser ins Waschbecken laufen und sah im Spiegel einen Fremden, einen alten Mann, der mich aus kurzsichtigen Augen stumpf anstarrte. Ich diagnostizierte

Masern, Mumps und Gonorrhö, betastete kranke Körper, hantierte mit Ohrenspiegel, Spritze und Zungenspatel, und das Ganze erschien mir wie eine raffinierte Form der Strafe aus einem Drama von Sophokles. Und eines Nachmittags, als ich mit einer Plastiktüte voll Grashüpfer für meine Skorpione vom Tiergeschäft zurückkehrte, bog ich um eine Ecke, und da war er.

Auf dem Bürgersteig vor Gómez' Bäckerei standen vierzig, fünfzig Menschen und traten in der noch moderaten Hitze von einem Fuß auf den anderen. Sie schienen wie gebannt – keiner blickte auch nur zur Seite, als ich mich nach vorn drängelte. Ich sah Francisco Funes, und das Blut stieg mir zu Kopf. Er stand neben einer behelfsmäßigen Bühne aus einem halben Dutzend gestapelter Paletten und musterte die Menge mit taxierendem Blick, als zählte er schon die Einnahmen, während auf der Bühne selbst Dámaso stand, ohne Hemd, ohne Schuhe, in einer knappen, eng anliegenden Hose, die kaum das Nötigste bedeckte. In einem Kohlebecken erhitzte er die Klinge eines mit Perlen verzierten Messers, bis sie glühte. Er sah aus wie ein Igel, denn Spieße aus rostfreiem Stahl, wie man sie für Schisch Kebab braucht, steckten überall in seinem Körper (einer war durch beide Wangen gebohrt), und ich sah mit morbider Faszination zu, wie er das Messer aus der Glut nahm, hochhob und flach auf seinen Handrücken drückte, sodass man das Zischen des Fleisches hören konnte. Die Menge keuchte. Neben mir fiel eine Frau ihrem Mann ohnmächtig in die Arme. Ich tat nichts. Ich sah zu, wie Dámaso, dessen Körper mit Narben übersät war, an einem Stück Haut über dem Brustbein zog und das Messer hindurchstieß.

Ich wollte sie anprangern, diese Schande, doch ich beherrschte mich. Auf dem Höhepunkt des Geschehens drehte ich mich um, verschwand in der Menge und wartete auf eine Gelegenheit. Der Junge – er war jetzt ein Jüngling, dreizehn, vierzehn Jahre alt – vollführte noch andere Akte sinnloser Folter, die ich hier nicht schildern werde, und dann ging der Hut herum, Pesos wurden eingesammelt, und Vater und Sohn machten sich auf den Weg zu ihrem Haus. Ich folgte ihnen mit einigem Abstand, in der Tüte schnarrten die Grashüpfer. Ich sah den Vater ins Haus treten – es war jetzt größer, einige kürzlich angebaute Räume mussten nur noch mit Dachpappe und Ziegeln gedeckt werden –, während der Junge zu einer gelben Kühltasche ging, die an der Vordertreppe lehnte, eine Flasche Coca-Cola hervorholte und sich in den alten, abgewetzten Sessel auf der Veranda sinken ließ, als wäre er hundertfünfzig Jahre alt. Ich wartete einen Augenblick, bis er seine armselige Belohnung ausgetrunken und die Flasche zwischen seine Beine gestellt hatte, und schlenderte dann unbekümmert am Haus vorbei, als wäre ich zufällig gerade in der Gegend. Als ich auf gleicher Höhe mit ihm war und sicher sein konnte, dass er mich bemerkt hatte, blieb ich unvermittelt stehen und sah ihn mit einem betont überraschten, ja eigentlich ungläubigen Blick an. »Dámaso?«, rief ich. »Bist du's wirklich?«

Seine Augen leuchteten auf, aber nur seine Augen – er schien nicht imstande, den Mund zu einem Lächeln zu verziehen. Er sprang auf, kam mit großen Schritten auf mich zu und streckte die Hand aus. »Herr Doktor«, sagte er, und ich sah die Verfärbung der Lippen und, auf einem Schlachtfeld von Narben, die beiden blutverkrusteten Einstiche auf den Wangen. Mein Entsetzen und mein Mitleid hätten nicht größer sein können, wenn er tatsächlich mein Sohn gewesen wäre.

»Lange nicht gesehen«, sagte ich.

»Ja«, antwortete er.

Meine Gedanken rasten. Ich überlegte fieberhaft, wie ich ihn fortlotsen könnte, bevor Francisco Funes wieder aus dem Haus trat. »Hast du Lust mitzukommen, in die Praxis, zum Abendessen? Wie in alten Zeiten? Elvira macht Auberginenlasagne und einen knackigen Salat mit gebratenen Artischockenherzen, und damit« – ich hob die Plastiktüte und schüttelte sie – »könnten wir die Skorpione füttern. Ich habe jetzt einen, der ist beinahe doppelt so groß wie der *Hadrurus*, eine afrikanische Art. Eine Schönheit, eine regelrechte Schönheit.«

Und da war er, der verstohlene Blick über die Schulter, dieselbe Bewegung, mit der er sich damals, als Kind, am Verkaufsstand, nach seiner Mutter umgesehen hatte, und im nächsten Augenblick waren wir unterwegs, gingen nebeneinanderher und ließen das Haus hinter uns. Er schien seine Schritte jetzt bedächtiger zu setzen, als drückte ihn das Gewicht der Jahre auf unergründliche Weise nieder (oder vielmehr auf ergründliche, absolut ergründliche Weise, ergründlich bis auf den schwärzesten Grund des Herzens seines Vaters), und ich verlangsamte mein Tempo, um mich dem seinen anzupassen, und sorgte mich, er könnte an Muskeln, Bändern, Knorpeln, ja sogar am Nervensystem irreparablen Schaden genommen haben. Wir kamen am Schlachthof vorbei, wo Refugio, der Cousin seiner Mutter, Ziegen zum Wohl der Familie opferte, und gingen durch die ausgedörrten, von Eidechsen bevölkerten Überreste dessen, was nach dem einstigen Willen der Stadtväter ein Park hatte sein sollen, und den langen Hügel hinauf, wo die Gutsituierten, Vermögenderen und nicht zuletzt Gebildeteren unseres Städtchens zu Hause waren.

Der köstliche Duft von Elviras Lasagne lag in der Luft, als wir zur Praxis abbogen. Wir hatten über Belanglosigkeiten geredet, über meine Arbeit, den Papagei – ja, es ging ihm gut –, den Kleinstadtklatsch, das Wetter, aber nicht über sein Leben, seine Reisen, seine Gefühle. Erst als wir im Licht der UV-Lampe im Hinterzimmer saßen und er ein Glas gesüßten Eistee in der Hand und einen Teller *dulces* auf dem Schoß hatte, begann er sich mir zu öffnen. »Dámaso«, sagte ich irgendwann, und die Skorpione in den Terrarien leuchteten wie geisterhafte Erscheinungen, »du machst einen niedergedrückten Eindruck – was ist los? Hat es etwas mit … deinen Reisen zu tun?«

Der säuerliche Geruch der Arachniden und der verheißungsvolle Duft von Elviras Essen lagen in der Luft. Im Dunkeln stellte Dámaso behutsam das Glas ab und bürstete die Krümel vom Schoß. Dann sah er mich an. »Ja«, sagte er leise. Und dann, mit mehr Nachdruck: »*Ja.*«

Ich schwieg einen Augenblick. Aus dem Augenwinkel sah ich meinen *Hadrurus,* der die Grenzen seiner Welt erkundete. Ich wartete.

»Ich habe keine Freunde, Herr Doktor, keinen einzigen. Sogar meine Brüder und Schwestern sehen mich an, als wäre ich ein Fremder. Und alle Jungen im ganzen Bezirk, bis ins letzte kleine Dorf, versuchen mich nachzumachen.« Er klang angestrengt – es war der Ton eines Erwachsenen, seines Vaters, der im Widerspruch stand zu der dünnen, brüchigen Stimme eines Kindes. »Sie tun das, was ich tue. Aber ihnen tut es weh.«

»Du musst das nicht mehr tun, Dámaso.« Ich spürte, dass meine Gefühle aufwallten. »Es ist falsch, es ist ganz falsch, siehst du das nicht?«

Er zuckte die Schultern. »Ich habe keine andere Wahl. Ich bin es meiner Familie schuldig. Meiner Mutter.«

»Nein«, sagte ich, »du bist ihnen gar nichts schuldig. Jedenfalls nicht das. Dein Ich, deinen Körper, dein Herz –«

»Sie hat mich auf die Welt gebracht.«

»Ich auch«, sagte ich – ich weiß, es war eine absurde Bemerkung.

Wir schwiegen. Nach einer Weile sagte ich: »Du hast eine große Gabe, Dámaso, und ich kann dir helfen, damit zu leben – du kannst hierbleiben, bei Elvira und mir, du brauchst dich nie mehr auf die Straße zu stellen und … und dich zu *verletzen*, denn was dein Vater mit dir macht, ist böse, Dámaso, *böse* – es gibt kein anderes Wort dafür.«

Er hob eine verletzte Hand und ließ sie wieder fallen. »Meine Familie geht vor«, sagte er. »Meine Familie geht immer vor. Ich weiß, was ich zu tun habe. Aber was meine Familie nicht versteht und was auch Sie nicht verstehen, ist: Es *tut* weh. Ich spüre es, ich spüre es wirklich.« Und er hob abermals die Hand und klopfte sich an die Brust, genau da, wo sein Herz sich ausdehnte und zusammenzog und Blut durch seine Adern pumpte. »Hier«, sagte er. »Hier tut es weh.«

Eine Woche später war er tot.

Ich erfuhr es erst, als er bereits beerdigt war, und Jerry Lemongello, der, in der Hoffnung, selbst eine DNA-Probe nehmen zu können, den langen Flug von Boise hierher auf sich nahm, kam zu spät. Mercedes Funes stand im Qualm, vergoss Tränen und drückte vergeblich die Hand auf die untere Rückenpartie, während sie sich über den Grill beugte, und ihr Mann torkelte in einer schmutzigen *guayabera* durch die Straßen, so betrunken wie nur irgendein Säufer. Man sagte, Dámaso habe vor den Kindern, die ihm folgten, als wäre er eine Art Gottheit, angeben wollen – vor Jungen, die für den Schmerz leben, ihn zufügen und entlocken, als wäre er etwas Kostbares, das man messen und wiegen kann, Jungen, die es schick finden, sich mit Rasierklingen Hieroglyphen in die Haut zu ritzen. Es war ein dreistöckiges Gebäude. »Spring!«, riefen sie. »Sin Dolor! Sin Dolor!« Er sprang, und er spürte keinen Schmerz.

Aber ich frage mich – und möge Gott, so es Ihn denn gibt, Francisco Funes und seiner Frau gnädig sein –, ob er gewusst hat, was er tat, und ob er es nicht weniger aus Angeberei als vielmehr aus Kummer getan hat. Wir werden es nie erfahren. Und wir werden nie seinesgleichen sehen, auch wenn Jerry Lemongello sagt, er habe von einem Jungen in Pakistan gehört, der offenbar dieselbe Mutation aufweise, einem Jungen, der sich auf Dorfplätzen Verletzungen beibringe, um das Keuchen und den Applaus zu hören und das Geld einzusammeln.

Es dauerte kein Jahr, dann war Dámaso vergessen. Das Haus seiner Familie war bis auf die Grundmauern und die Überreste eines Kerosinofens abgebrannt, die Ziegen starben, der Holzkohlengrill brannte ohne ihn, und ich schloss meine Praxis und zog mit Elvira und dem Papagei in unser Haus am Meer. Ich verbringe meine Tage in der Sonne, kümmere mich um unseren bescheidenen Garten und gehe am zuckerweißen Strand entlang, um zu sehen, was die Flut zurückgelassen hat. Ich praktiziere nicht mehr, aber natürlich kennt man mich hier als *El Estimado Doctor*, und gelegentlich, in Notfällen, steht ein Patient vor meiner Tür. Neulich war es ein kleines Mädchen, drei oder vier Jahre alt, die Mutter trug es auf dem Arm. Die Kleine hatte in den Gezeitentümpeln bei den Lavaklippen gespielt, die wie dunkle ferne Brotlaibe aus dem Sand aufragen, und war auf einen Seeigel getreten. Einer der langen Stacheln, mit denen dieses Wesen sich schützt, war tief in die Fußsohle eingedrungen und unter dem Gewicht des Kindes abgebrochen.

Ich tröstete die Kleine, so gut ich konnte. Eigentlich redete ich nur Unsinn – in solchen Fällen kommt es allein auf die Intonation an. Ich murmelte. Am Strand murmelte das Meer. So behutsam wie möglich hielt ich den kleinen Fuß, fasste den glatten schwarzen Stachel mit der Pinzette und zog ihn heraus, und ich kann Ihnen sagen, das kleine Mädchen schrie, dass die Fensterscheiben klirrten, es schrie, als gäbe es auf der ganzen Welt keinen anderen Schmerz.

LUCIA BERLIN

Freunde

Loretta lernte Anna und Sam an dem Tag kennen, als sie Sam das Leben rettete.

Anna und Sam waren alt. Sie war achtzig, er war neunundachtzig. Loretta sah Anna manchmal, wenn sie im Pool ihrer Nachbarin Elaine schwimmen ging. Einmal kam sie vorbei, als die beiden Frauen versuchten, den alten Mann davon zu überzeugen, ein paar Züge zu machen. Schließlich ging er in den Pool, paddelte wie ein Hund mit einem großen Grinsen auf dem Gesicht, als er einen Anfall bekam. Die beiden Frauen waren auf der flachen Seite und bemerkten nichts. Loretta sprang hinein, mit Schuhen und allem, zog ihn zu den Stufen und aus dem Pool heraus. Er brauchte nicht wiederbelebt zu werden, aber er war verwirrt und hatte Angst. Er musste eine Medizin einnehmen wegen der Epilepsie, und sie halfen ihm beim Abtrocknen und Anziehen. Eine Weile blieben sie noch gemeinsam sitzen, bis sicher war, dass es ihm gut ging, und er nach Hause laufen konnte, nur die Straße runter. Anna und Sam dankten Loretta immer wieder, dass sie ihm das Leben gerettet hatte, und bestanden darauf, dass sie am nächsten Tag zu ihnen zum Mittagessen kam.

Zufälligerweise musste sie an den folgenden Tagen nicht arbeiten. Sie hatte sich drei Tage unbezahlt freigenommen, weil sie sich um eine ganze Reihe von Dingen kümmern musste. Bei den beiden zu Mittag zu essen würde heißen, dass sie den ganzen Weg nach Berkeley aus der Stadt zurückfahren musste und nicht alles wie geplant an einem Tag erledigen konnte.

In Situationen wie diesen war sie oft hilflos. Wenn man sich sagt: Mensch, das ist wirklich das Mindeste, was ich tun kann, sie sind so nett. Wenn du es nicht tust, fühlst du dich schuldig, und wenn du es tust, kommst du dir wie ein Feigling vor.

Ihre schlechte Laune verflog in dem Augenblick, als sie in die Wohnung kam. Sie war sonnig und offen, wie ein altes Haus in Mexiko, wo die beiden die meiste Zeit ihres Lebens verbracht hatten. Anna war Archäologin gewesen und Sam Ingenieur. Sie hatten jeden Tag gemeinsam am Teotihuacán und anderen Ausgrabungsstätten gearbeitet. In ihrer Wohnung gab es herrliche Keramik und Fotografien, eine wundervolle Bibliothek. Unten, im hinteren Hof, befand sich ein großer Gemüsegarten, viele Obstbäume, Beerensträucher. Loretta war überrascht, dass die zwei vogelgleichen, gebrechlichen Leutchen all die Arbeit selbst erledigten. Beide gingen an Stöcken, das Laufen bereitete ihnen große Schwierigkeiten.

Zu Mittag gab es getoastete Käsesandwiches, Chayote-Suppe und Salat aus ihrem Garten. Anna und Sam bereiteten das Essen gemeinsam zu, deckten den Tisch und servierten gemeinsam.

Seit fünfzig Jahren machten sie alles gemeinsam. Wie Zwillinge waren sie ein Echo des jeweils anderen oder beendeten die Sätze, die der andere begonnen hatte. Die

Mahlzeit verlief angenehm, sie erzählten ihr, in Stereo, von ihren Erlebnissen während der Arbeit an der Pyramide in Mexiko und bei anderen Ausgrabungen. Loretta war von diesen beiden alten Menschen beeindruckt, von der Liebe zur Musik und zum Gärtnern, die sie teilten, von ihrem Vergnügen aneinander. Sie war überrascht, wie sehr sie sich in regionaler und nationaler Politik engagierten, dass sie zu Demonstrationen und Protestveranstaltungen gingen, an Kongressabgeordnete und Redakteure schrieben, Telefonate führten. Sie studierten täglich drei oder vier Zeitungen, lasen sich abends gegenseitig Romane oder Bücher über Geschichte vor.

Während Sam mit zitternden Händen den Tisch abräumte, sagte Loretta zu Anna, wie beneidenswert es sei, einen so vertrauten Lebenspartner zu haben. Ja, sagte Anna, aber bald wird einer von uns nicht mehr da sein ...

Loretta sollte sich viel später an diese Aussage erinnern und sich fragen, ob Anna die Pflege einer Freundschaft zu ihr als eine Art Versicherung betrachtet hatte, für die Zeit, wenn einer von ihnen starb. Aber nein, dachte sie, es war wohl viel einfacher. Die beiden waren einander immer genug gewesen, ihr ganzes Leben lang eigenständig, aber jetzt war Sam oft traumverloren und redete manchmal Unzusammenhängendes. Er erzählte wieder und wieder dieselben Geschichten, und obwohl Anna immer geduldig mit ihm war, spürte Loretta, wie froh sie war, noch jemand anderen zum Reden zu haben.

Was immer der Grund sein mochte, sie merkte, wie sie immer stärker in Sams und Annas Leben einbezogen wurde. Sie fuhren nicht mehr selbst Auto. Oft rief Anna Loretta auf der Arbeit an und bat sie, auf dem Nachhauseweg Fasertorf zu kaufen oder Sam zum Augenarzt zu fahren. Manchmal ging es beiden zu schlecht, um ins Lebensmittelgeschäft zu gehen, dann kaufte Loretta für sie ein. Sie mochte sie beide, bewunderte sie. Da sie sich offenbar so sehr nach Gesellschaft sehnten, fand sie sich etwa einmal die Woche bei ihnen zum Abendessen ein, alle zwei Wochen auf jeden Fall. Einige Male lud sie Anna und Sam zu sich nach Hause zum Essen ein, aber da waren so viele Stufen zu steigen, und die beiden kamen völlig erschöpft an, sodass sie es unterließ. Stattdessen brachte sie Fisch oder Hühnchen oder ein Pastagericht zu ihnen mit. Sie machten einen Salat, servierten Beeren aus dem Garten zum Nachtisch.

Nach dem Essen saßen sie bei einigen Tassen Pfefferminz- oder Jamaica-Tee am Tisch, während Sam Geschichten erzählte. Von damals, als Anna Polio bekam, an einem Grabungsloch tief im Dschungel von Yucatán, wie sie sie ins Krankenhaus brachten, wie nett die Leute waren. Viele Geschichten über das Haus, das sie sich in Xalapa gebaut hatten. Von der Frau des Bürgermeisters und wie sie beim Versuch, einem Besucher zu entgehen, aus dem Fenster kletterte und sich ein Bein brach. Sams Geschichten begannen immer mit »Das erinnert mich an die Zeit …«

Nach und nach erfuhr Loretta die Einzelheiten ihrer Lebensgeschichte. Wie sie am Mount Tam geflirtet hatten. Wie sie sich in New York ineinander verliebten, als sie noch Kommunisten waren. Das Leben in Sünde. Sie hatten nie geheiratet, das Unkonventionelle daran erfüllte sie immer noch mit Genugtuung. Sie hatten zwei Kinder; beide lebten in fernen Städten. Es gab Geschichten über die Ranch in der Nähe von Big Sur, als die Kinder klein waren. Wenn eine Geschichte zu Ende war, sagte Loretta: »Ich möchte eigentlich noch nicht gehen, aber ich muss morgen sehr früh zur Arbeit.« Oft ging sie dann. Gewöhnlich aber sagte Sam: »Lass mich dir nur noch erzählen, was mit dem Plattenspieler zum Aufziehen passierte.« Stunden später fuhr sie erschöpft zurück zu ihrem Haus in Oakland, sie sagte sich, dass sie so nicht weitermachen konnte. Oder dass sie weitermachen würde, aber nicht, ohne ein Zeitlimit festzulegen.

Es war nicht so, dass sie jemals langweilig oder uninteressant gewesen wären. Im Gegenteil, das Paar hatte ein reiches, erfülltes Leben gehabt, sie waren engagiert und wach. Sie hatten ein lebhaftes Interesse an der Welt, an ihrer eigenen Vergangenheit. Es machte ihnen so viel Spaß, die Äußerungen des anderen zu ergänzen, über Daten oder Details zu diskutieren, dass Loretta es nicht über sich brachte, sie zu unterbrechen und zu gehen. Und es gab ihr ein gutes Gefühl, sie zu besuchen, weil die beiden sich so freuten, sie zu sehen. Nur manchmal, wenn sie zu müde war oder etwas anderes zu tun hatte, wollte sie nicht. Schließlich sagte sie doch einmal, dass sie nicht mehr so lange bleiben könne, dass es schwer sei, am nächsten Morgen aufzustehen. Komm doch am Sonntag zum Brunch, sagte Anna.

Wenn das Wetter es zuließ, aßen sie an einem Tisch auf der Veranda, umgeben von Blumen und Pflanzen. Hunderte Vögel kamen zum Vogelhäuschen direkt neben ihnen. Als es kälter wurde, aßen sie drinnen vor einem gusseisernen Ofen. Sam legte Scheite nach, die er selbst gespalten hatte. Es gab Waffeln oder Sams Spezialomelette, manchmal brachte Loretta Bagels und Räucherlachs mit. Stunden vergingen, der ganze Tag verging über den Geschichten, die Sam erzählte und Anna korrigierte oder ergänzte. In der Sonne auf der Veranda oder in der Wärme des Feuers war es manchmal schwer, wach zu bleiben.

Ihr Haus in Mexiko war aus Beton, aber das Gebälk und die Tresen und Schränke waren aus Zedernholz. Zuerst war das große Zimmer – Küche und Wohnraum – errichtet worden. Sie hatten natürlich Bäume gepflanzt, sogar noch ehe sie mit dem Hausbau begannen. Bananen- und Pflaumenbäume, Jakarandas. Im nächsten Jahr bauten sie ein Schlafzimmer an, einige Jahre später ein weiteres Schlafzimmer und ein Studio für Anna. Die Betten, Arbeitsplatten und Tische waren aus Zedernholz geschreinert. Nach der Arbeit im Gelände, in einem anderen Bundesstaat von Mexiko, kamen sie in ihr kleines Zuhause zurück. Das Haus war immer kühl und roch nach Holz, wie eine große zederne Truhe.

Anna bekam eine Lungenentzündung und musste ins Krankenhaus. So krank sie auch war, sie konnte nur an Sam denken, daran, wie er wohl ohne sie zurechtkommen würde. Loretta versprach ihr, vor der Arbeit vorbeizuschauen und sich darum zu kümmern, dass er seine Medikamente nahm und frühstückte, sie würde ihm nach der Arbeit Abendessen machen und ihn ins Krankenhaus mitbringen, sodass er sie besuchen konnte.

Das Schreckliche war, dass Sam nicht redete. Er saß zitternd am Bettrand, wenn Loretta ihm beim Anziehen half. Mechanisch nahm er seine Tabletten und trank Ananassaft, wischte sich sorgfältig das Kinn ab, wenn er mit dem Frühstück fertig war. Wenn sie abends kam, stand er auf der Veranda und wartete auf sie. Er wollte zuerst zu Anna fahren und dann zu Abend essen. Als sie ins Krankenhaus kamen, lag Anna blass im Bett, ihre langen weißen Zöpfe hingen herunter wie die eines kleinen Mädchens. Sie hing am Tropf, hatte einen Katheter, Sauerstoff. Sie redete nicht, aber sie lächelte und hielt Sams Hand, während er ihr erzählte, dass er eine Ladung Wäsche gewaschen, die Tomaten gewässert, die Bohnen gemulcht, Geschirr abgewaschen und Limonade gemacht hatte. Er redete auf sie ein, atemlos, erzählte ihr jede Stunde seines Tages. Als sie gingen, musste Loretta ihn festhalten, er stolperte und schwankte beim Laufen. Im Auto nach Hause weinte er vor lauter Sorge. Aber Anna kam wieder nach Hause, und es ging ihr gut, abgesehen davon, dass es im Garten so viel zu tun gab. Am nächsten Sonntag half Loretta nach dem Brunch beim Jäten des Gartens und dem Verschneiden der Schwarzen-Johannisbeer-Ranken. Loretta machte sich Sorgen, was, wenn Anna richtig krank wurde? Worauf musste sie sich bei dieser Freundschaft gefasst machen? Die gegenseitige Abhängigkeit des Ehepaars, ihre Verletzlichkeit betrübte und berührte sie. Diese Gedanken gingen ihr bei der Arbeit durch den Kopf, aber es war schön, die kühle schwarze Erde, die Sonne auf dem Rücken. Sam, der seine Geschichten erzählte, während er die Nachbarreihe jätete.

Als Loretta das nächste Mal sonntags zu ihnen kam, war sie verspätet. Sie war früh aufgestanden, es hatte viel zu tun gegeben. Sie wollte eigentlich zu Hause bleiben, brachte es aber nicht über sich, anzurufen und abzusagen.

Die Haustür war nicht aufgeklinkt wie sonst, also ging sie zur Hintertreppe im Garten. Sie ging in den Garten hinein, um sich umzuschauen, üppig wuchsen Tomaten, Kürbisse, Zuckererbsen. Trunkene Bienen. Anna und Sam waren draußen auf der oberen Veranda. Loretta wollte zu ihnen hinaufrufen, aber sie unterhielten sich eifrig.

»Sie war noch nie zu spät. Vielleicht kommt sie nicht.«

»Oh, sie wird schon kommen ... diese Vormittage bedeuten ihr so viel.«

»Armes Ding. Sie ist so einsam. Sie braucht uns. Wir sind wirklich ihre einzige Familie.«

»Auf jeden Fall mag sie meine Geschichten. Verflixt. Mir fällt keine einzige ein, die ich ihr heute erzählen könnte.«

»Irgendwas wird dir schon in den Sinn kommen ...«

»Hallo!«, rief Loretta. »Jemand zu Hause?«

SERAINA KOBLER

Kugelmenschen – die einen in der Welt verorten

Lange Zeit dachte ich, große Freundschaft, das ist etwas, das im Sandkasten beginnen muss, zwischen glitzerndem Quarzit, unter mütterlichen Blicken, Wächterinnen einer vertrauten Welt. Das sich auf dem Pausenhof fortsetzt und sich immer wieder findet, auch wenn das Leben einen auseinanderwürfelt.

R. jedoch habe ich erst vor zwei Jahren kennengelernt – und dann noch im Netz. »Bis bald im Engadin«, schrieb sie ein paar Wochen darauf unter die Widmung, in geschwungenen Lettern, am Abend ihrer Buchvernissage in meiner Stadt, ein silberner Totenkopf schimmerte dabei an ihrem Ringfinger. Er muss für sie, wie mir später klar wurde, so etwas wie eine materialisierte Erinnerung sein, sich jeden Tag einmal gedanklich aufs eigene Totenbett zu legen – und diesen Moment als Ausgangspunkt für alle Entscheidungen zu nehmen.

Bald stieg ich in den roten Zug, der das Unterland mit dem Engadin und dem Puschlav verbindet. Das Herz springt auf, wenn er durch die zerklüftete Landschaft fährt, besonders, wenn man am Zugfenster steht, das sich hier noch öffnen lässt, mit Fahrtwind im Gesicht und die Stadt in einem verblasst, auf dem Weg in die entlegensten Täler des Landes.

Schon am Bahnhof, der aus einem einfachen Stationshäuschen und offenen Gleisen besteht, hatte ich das unverwechselbare Sprachengewirr aus Italienisch, Deutsch und dem rätoromanischen Idiom Puter im Ohr, verwoben mit der Landschaft und den Menschen, die in ihr leben, seit langer Zeit. Eine unsichtbare Verbindung, die es an so touristischen Orten wie dem Engadin vielleicht noch mehr braucht, um das Eigene nicht zu verwässern. Eine andere Sprache für die, die immer da sind.

»Bainvgnü«, ruft R. von der steinernen Treppe herab, während ein immer fröhlich schnaubender Mops um sie herumtänzelt. Später trinken wir Champagner aus langstieligen Flûtes und schauen auf den Inn. Ein Ausblick, mit dem bei ihr jeder neue Tag beginnt, manchmal dampft der Fluss, wenn die Temperatur plötzlich sinkt, und manchmal trägt er das Morgenrot auf seiner sich kräuselnden Oberfläche. Dahinter: San Gian, die Kirche ohne Dach. Vom Blitz getroffen und dann einfach so stehen gelassen, wie zum Zeichen, dass man hier oben in der Lage ist, göttliche Fügung und Schicksal anzunehmen. Sich dem Unausweichlichen zu stellen, statt es zu übertönen. Und wenn die Pferde Kutsche und Sarg im Schritttempo durch das Dorf nach San Gian ziehen, wie sie es seit Jahrhunderten tun, schenken sie der Gemeinschaft Zeit, genug Zeit, um zu bedenken, dass jeder im Trauerzug einst selbst an der Reihe sein wird. Und dazwischen: dieses ganze Leben. Der Morgentau in den Kelchen der Frauenmäntelchen. Das Licht, das abends hinter die Bergkrete fällt. Ein Leben in einem Bergdorf, so klein und klirrend kalt, dass die Menschen darauf angewiesen sind, die gemeinsamen Nenner zu finden, statt zu kultivieren, was sie unterscheidet und teilt.

Darüber sprechen wir und über vieles andere auch, wenn wir morgens in der Küche vor der italienischen Kaffeemaschine stehen. Je öfter wir miteinander sprechen und dabei den Espresso in den Tassen vergessen, desto dichter wird die Kommunikation, die sich auf einen wachsenden Schatz an ausgetauschten Erfahrungen und Gedanken bezieht, die wir teilen, auch wenn wir unterschiedlichen Generationen angehören, und die mich immer wieder an sie denken lassen, auch später dann, zu Hause, beim Zeitunglesen, oder wenn ein Lied im Radio gespielt wird.

Und manchmal, wenn ich R. sehr vermisse, dann gehe ich zum Metzger, lasse mir ein halbes Pfund Rind- und Lammfleisch grob hacken und koche einen Sugo mit Petersilienwurzeln vom Markt, Karotten und Lorbeerblättern und viel Zwiebeln. Füllung für eine Lasagne, die aber doch nie besser schmeckt als bei ihr – und von der meine Kinder trotzdem behaupten, sie sei so gut, wenn eines Tages eine riesige Auflaufform mit eben dieser Lasagne vom Himmel auf diese Erde fallen würde, dann wäre es das einzig halbwegs akzeptable Ende für diesen Planeten.

Inzwischen bin ich die Strecke ins Engadin noch viele Male gefahren, im Sonnenschein und im Schatten und auch in dieser seltsamen Zwischenzeit, wenn der Schnee zu harten, immer kleiner werdenden Flecken schmilzt und dabei wunde, aufgeweichte Erde zurücklässt. Je öfter ich zu ihr fuhr, umso sichtbarer machte unsere Verbindung eine andere Trennung. Die Sehnsucht nach einem Tal, nach Heimkommen, einem Haus mit freundlichen Türen. Mit einem

Hund. Und einer roten Katze. Nach einem Haus, das einen gewahr werden lässt, dass man nur ein Glied in einer langen Kette ist und wir im Grunde nicht mehr besitzen, als die Gegenwärtigkeit des Moments, in der im besten Fall alles andere aufgeht. Ein Gefühl, das oft vergessen geht in der Stadt, umgeben von Asphalt, wo das künstliche Licht nachts die Sterne verdrängt und sich die Demut vor dem Universum verflüchtigt, die Demut beim Anblick einer Weite, welche die eigene Vorstellungskraft übersteigt.

Im roten Zug frage ich mich oft, wie mein Leben auch noch hätte verlaufen können. Wäre ich jemand anders – das klarere, das essenziellere Ich meiner selbst –, wenn mir der Blick auf den Nachthimmel, die Unendlichkeit und die Sterne nicht versperrt wäre? Vielleicht würde Sorgfalt vor Stress stehen. Vielleicht würde das Leben langsamer verlaufen, im uralten Takt, den Licht und Jahreszeiten vorgeben, dem Kreis des Lebens näher an einem Ort, wo die Natur jäh und heftig aufblüht in den flüchtigen Sommermonaten, die Fichten im Herbst leuchten und im Winter aus der Dunkelheit Geschichten erwachsen. Oder sind das nur konsumierbare Sehnsuchtsträume, die uns Städter dann nach einer kurzen Auszeit produktiver zurück in unser Leben schicken sollen?

Wenn ich lange darüber nachdenke, dann steigen Erinnerungen an Ereignisse auf, die vielleicht in dieser Form gar nie wirklich stattgefunden haben. Und deren Fehlen dennoch lange ein Gefühl der Unvollständigkeit hervorrief. Ich sehe ein Kleinkind im Planschbecken, ich sehe ein Kind, Vater, Mutter, in einem Tessiner Bergdorf, ich schmecke Popcorn zum Abschied, so salzig, dass es in den Mundwinkeln brennt, und ich sehe so viele Umzüge, so viele Wohnungen. Wenn man immer »die Neue« in der Schule ist, dann lernt man, besser nicht zu sehr aufzufallen, man lernt, schnell in eine Gruppe zu passen und nie lange zu bleiben. Und man hört nie auf zu zweifeln, ob man gerade am richtigen Ort ist.

»Las randulinas sun rivadas«, die Schwalben sind da, schrieb R. an einem Frühsommertag. Vielleicht war das der Tag, an dem ich gemerkt habe, wie man mit einem Ort verwurzelt sein kann, ohne tatsächlich dort zu sein. Denn es reicht schon, wenn jemand anders dort ist. Vielleicht ein wenig so, wie Platons Kugelmenschen, aber auf eine universellere Art. Es heißt, sie hätten zwei Gesichter gehabt, vier Arme, vier Beine, Geschöpfe, zu stark und zu glücklich und zu vollkommen für die Götter. Deshalb wurden die Kugelmenschen vom Blitz geteilt und über die ganze Erde verstreut. Seither irren sie umher, unvollständig, auf der Suche nach der Verbindung, die in sie hineingeboren wurden.

Doch vielleicht gibt es nicht einfach diese beiden Halbkugelmenschen, sondern verschiedenste Kugelmenschen, auf die wir in unserem Leben unweigerlich zusteuern und die uns in der Welt verorten und so letztlich auch in uns selbst. Vielleicht sind sie das Gegenteil der »Angst vor der Mitte des Sees«, wie der Kapitän des höchsten Kursschiffes auf der Engadiner Seenplatte das beschreibt, was ihn täglich antreibt, wenn er zwischen Sils Maria und Maloja hin und her fährt. Vielleicht ist es die Angst, die uns schiebt, und unsere Kugelmenschen sind es, die uns nach vorne ziehen, leicht und mühelos, denn sie lassen uns merken: Es ist alles da.

Ich wusste nie im Voraus, wann ich sie treffen würde. Aber irgendwann waren sie einfach da. Sie kamen, wenn ein Haus sie brauchte, wie die Familie bei uns im Erdgeschoss. Es gebe Tage, da wisse sie nicht, wie sie bis zum Abend durchhalten soll, sagte mir die Mutter beim Einzug, während die drei Kleinkinder im Hintergrund tobten. Und doch war die Energie im Haus durch sie wie umgedreht, und seither öffnen sich die Türen, öffneten sich ein bisschen für alle, wenn man gerade einen starken Kaffee braucht, einen Gewürztee mit Kardamom, oder Hilfe mit den Kindern. Und jeden Abend schneidet ihr Mann für sie, wenn er von der Arbeit kommt, Avocados klein, er wäscht Salat, bröselt den Feta vom türkischen Laden um die Ecke darüber, löst Granatapfelkerne heraus, weil sie das so gerne mag und nur für sich selbst den Aufwand nie machen würde. Kürzlich durfte ich kosten und bin seither überzeugt: Liebe schmeckt nach berstenden Granatäpfeln.

Sie spannen einen weiten Bogen, meine Kugelmenschen, auf der inneren Beziehungslandkarte, die sich von Äthiopien bis ins Engadin erstreckt, zwischen dem Onsernonetal, dem Tal meiner frühen Kindheit, Zürich, der selbst gewählten Heimat, und von dort aus um die ganze Welt. Und ich fühle mich auch in meiner eigenen Welt in der hell ausgeleuchteten Stadt etwas mehr angekommen, wenn ich daran denke, wie R. mit blumenbestickten Doc Martens durch frisch gefallenen Schnee stapft.

Nachweis

Der Verlag dankt folgenden Rechteinhaber:innen für die Genehmigung zum Abdruck:

Berlin, Lucia (1936, Juneau, Alaska – 2004, Marina del Rey, Kalifornien)
Freunde. Aus: dies., *Was wirst du tun, wenn du gehst*. Copyright © 2015 Literary Estate of Lucia Berlin LP. Copyright der deutschsprachigen Ausgabe © 2017 by Arche Literatur Verlag AG, Zürich-Hamburg. Aus dem Amerikanischen von Antja Rávic Strubel.

Boyle, T.C. (*1948, Peekskill, New York)
Sin Dolor. Aus: ders., *Good Home. Stories*. Copyright © 2018 Carl Hanser Verlag GmbH & Co. KG, München, mit freundlicher Genehmigung. Aus dem Amerikanischen von Anette Grube und Dirk van Gunsteren.

Čechov, Anton (1860, Taganrog – 1904, Badenweiler)
Einer von vielen. Aus: ders., *Ende gut. Frühe Erzählungen 1886–1887*. Copyright der deutschsprachigen Ausgabe © 2002, Diogenes Verlag AG Zürich. Aus dem Russischen von Peter Urban.

Chbosky, Stephen (*1970, Pittsburgh, Pennsylvania)
Das also ist mein Leben. Auszug aus dem gleichnamigen Roman. Copyright © 2011 Wilhelm Heyne Verlag, München, in

der Penguin Random House Verlagsgruppe GmbH. Aus dem Amerikanischen von Oliver Plaschka.

Henderson, J. Paul (* 1948, Bradford, Yorkshire)
Letzter Bus nach Coffeeville. Auszug aus dem gleichnamigen Roman. Copyright © J. Paul Henderson 2014. Copyright der deutschsprachigen Ausgabe © 2016, 2017, Diogenes Verlag AG Zürich. Aus dem Englischen von Jenny Merling.

Irving, John (* 1942, Exeter, New Hampshire)
Owen Meany. Auszug aus dem gleichnamigen Roman. Copyright © 1989 by Garp Enterprises, Ltd. Copyright der deutschsprachigen Ausgabe © 1990, 1992, Diogenes Verlag AG Zürich. Aus dem Amerikanischen von Edith Nerke und Jürgen Bauer.

Ishiguro, Kazuo (* 1954, Nagasaki)
Klara und die Sonne. Auszug aus dem gleichnamigen Roman. Copyright © 2021 Karl Blessing Verlag, München, in der Penguin Random House Verlagsgruppe GmbH. Aus dem Englischen von Barbara Schaden.

Jansson, Tove (1914, Helsinki – 2001, ebd.)
Berenice. Aus: dies., *Das Sommerbuch.* Copyright © 1972 by Tove Jansson. First published by Schildts Förlags Ab, Finland. Copyright der deutschsprachigen Ausgabe © 2014 by Bastei Lübbe AG, Köln. Aus dem Schwedischen von Birgitta Kicherer.

Keyserling, Eduard von (1855, Hasenpoth – 1918, München)
Das Kindermädchen. Aus: ders., *Die Baltischen Provinzen.* Band 2: *Novellen und Dramen.* Erschienen 1915 im Felix Lehmann Verlag, Berlin.

Kobler, Seraina (* 1982, Locarno)
Kugelmenschen – die einen in der Welt verordnen. Exklusivbeitrag für diese Anthologie. Copyright © 2022 Seraina Kobler.

Krien, Daniela (* 1975, Neu-Kaliß)
Plan B. Aus: dies., *Muldental.* Copyright © 2020, Diogenes Verlag AG Zürich.

Lappert, Simone (* 1985, Aarau)
lieblingsmensch. Aus: dies., *längst fällige verwilderung.* Copyright © 2022, Diogenes Verlag AG Zürich.
Wurfschatten. Auszug aus dem gleichnamigen Roman. Copyright © 2020, Diogenes Verlag AG Zürich.

Maupassant, Guy de (1850, Miromesnil/Seine-Inférieure – 1893, Passy, Paris)
Zwei Freunde. Aus: ders., *Yvette und Anderes. Illustrierte Romane und Novellen.* Band I. Verlag von Aug. Dieckmann, Leipzig. Aus dem Französischen von Hubert Freiherr von Schorlemer.

Präauer, Teresa (* 1979, Linz)
Fünf Mädchen. Aus: dies, *Das Glück ist eine Bohne und andere Geschichten.* Copyright © Wallstein Verlag, Göttingen 2021.

Smith, Ali (* 1962, Inverness)
Jenny Robertson deine Freundin kommt nicht. Aus: dies., *Freie Liebe und andere Geschichten.* Copyright © 2017 btb Verlag, München, in der Penguin Random House Verlagsgruppe GmbH. Aus dem Amerikanischen von Silvia Morawetz.

Smith, Zadie (* 1975, London)
Swing Time. Auszug aus dem gleichnamigen Roman. Copyright © 2017 Kiepenheuer & Witsch GmbH & Co. KG, Köln. Aus dem Englischen von Tanja Handels.

Tartt, Donna (* 1963, Greenwood, Mississippi)
Der Distelfink. Auszug aus dem gleichnamigen Roman. Copyright © 2014 Wilhelm Goldmann Verlag, München, in der Penguin Random House Verlagsgruppe GmbH. Aus dem Amerikanischen von Rainer Schmidt und Kristian Lutze.

Trevor, William (1928, Mitchelstown, Irland – 2016, Somerset)
Der Schüler der Klavierlehrerin. Aus: ders., *Letzte Erzählungen.* Copyright © 2020 Hoffmann und Campe Verlag GmbH, Hamburg. Aus dem Englischen von Hans-Christian Oeser.

Volo, Fabio (*1972, Calcinate, Lombardei)
Er hat mich nie verlassen. Aus: ders., *Einfach losfahren.* Copyright © 2007 Arnoldo Mondadori Editore S.p.A., Milano. Copyright © 2015 Mondadori Libri S.p.A., Milano. Copyright der deutschsprachigen Ausgabe © 2009, 2011, Diogenes Verlag AG Zürich. Aus dem Italienischen von Peter Klöss.

Weck, Laura de (*1981, Zürich)
Forever. Aus: dies., *Politik und Liebe machen: Kleine Dialoge.* Copyright © 2016, Diogenes Verlag AG Zürich.

Wells, Benedict (*1984, München)
Das Grundschulheim. Aus: ders., *Die Wahrheit über das Lügen. Zehn Geschichten aus zehn Jahren.* Copyright © 2018, 2020, Diogenes Verlag AG Zürich.

»Jede Art zu schreiben ist erlaubt –
nur die langweilige nicht.«

VOLTAIRE

Roman
240 Seiten
Auch erhältlich als eBook

Ada ist eine begabte junge Schauspielerin, doch ihr Leben wird von Ängsten beherrscht. So sehr, dass sie nur noch mit aufwendigen Ritualen zur Ruhe kommt und sich kaum mehr aus ihrer Wohnung traut. Weil sie die Miete seit Monaten schuldig bleibt, setzt der Vermieter ihr seinen Enkel Juri als Mitbewohner vor die Nase. Für Ada ist der junge Mann eine Zumutung, eine Invasion – oder vielleicht doch das Beste, was ihr passieren kann?

Ausgewählt von Anna von Planta
Mit einem Vorwort von Ronja von Rönne
320 Seiten

Geschichten über die Menschen, die uns nicht immer nah, aber doch am nächsten sind, die uns besser kennen als wir uns selbst. Mit Texten von Ronja von Rönne, Connie Palmen, Simone Lappert, Eva Menasse, Patricia Highsmith, Julia Franck, Amélie Nothomb, Doris Dörrie, Elena Ferrante, Miranda July und Banana Yoshimoto.